PROTEAN SHIFT

プロティアンシフト

定年を迎える 女性管理職のセカンドキャリア選択

田中研之輔＋西村美奈子

千倉書房

はじめに

本書の主役は、長年、企業で働き続けてきた管理職の女性たちだ。その女性たちが今、定年を迎えようとしている。多くは、「男女雇用機会均等法」が施行された１９８６年前後に入社した均等法第一世代で、[1]現在50代後半から60代前半になる。

彼女たちはどんな思いでこれまで働いてきたのか。今、どのような気持ちで定年を迎えようとしているのか。これから先の人生をどう歩もうとしているのか。本書では、女性管理職のこれまでの軌跡とこれからの歩みに向き合っていく。

この数十年間で、女性管理職を取り巻く環境は大きく変化してきた。１つ言えることは、働く女性を取り巻く職場環境が着実に改善してきたという点だ。女性の職域は周辺的労働から基幹職へと拡大し、働くことを人生において重視する女性たちが増えてきている。その中で、女性管理職は男性と同様に責任ある立場で仕事に打ち込んできた。

だが、制度面ではなくなったはずの性的役割分業が、組織の文化や働く人々の意識の根底にたしかに存在する中、管理職の女性たちは、人には言えない悩みを抱え続けてきたことも忘れてはならない。

　仕事に意欲的に向き合ってきた女性管理職たちが、働くことを人生においてどう意味づけ、「定年」という大きな環境変化の中でキャリアシフトをどう実現してきたのか、これまでのキャリア形成が定年後のセカンドキャリア[2]選択にどう影響しているのか、本書では筆者たち自らの経験を活かしながら、インタビューを積み重ねてきた。

　本書は女性管理職の生の声に耳を傾けながら、これまでの軌跡とこれからの人生選択に焦点を当てる**キャリア・エスノグラフィー**(Career Ethnography)である。エスノグラフィーとは「民族誌」という意味で、もともとは異郷の地の生活現場に深く入り込み、その社会集団の実態や特性を言語化して描き出すという、人類学を出発点とした質的調査の1つである。

	配偶者	出産年齢	介護経験
	有	27，30	無
	有	33	無
	有	27，29	無
	有	35，38	無
	有	無	無
	有	無	無
	有	29，32	無
	有	28，31，34	無

	配偶者	出産年齢	介護経験
	未婚	無	有
	有	31，36	有
	未婚	無	有
	離婚	29，31	有
	未婚	無	無

表0-1　本書の登場人物（インタビュー）

定年後の進路（セカンドキャリア）		氏名（仮名）	現役時代		退職年齢	管理職になった年齢と勤続年数	転職※1回数
			業種	役職			
起業	法人設立	桂木恭子	情報通信	部長	57	41歳 /35年	無
起業	法人設立	坂下弥生	外資金融→製造	部長	55	28歳 /30年	3 回
起業	個人事業主	黒川碧	メディア	部長	60	40歳 /40年	無
起業	個人※2事業主	秋本由希	サービス	主幹	60	38歳 /37年	1 回
転職		山田香	情報通信	部長	51	41歳 /31年	無
転職		中野美枝	製造→外資金融	部長	54	39歳 /32年	3 回
継続		小宮遼子	情報通信	部長	60	46歳 /37年	無
継続		牧瀬智恵	製造	部長	60	40歳 /38年	無

※１ 最終的なセカンドキャリアとしての転職は、転職回数には含めない。
※２ いったん転職し、その後個人事業主として独立。

表0-2　本書の登場人物（サブ・インタビュー）

定年後の進路（セカンドキャリア）	氏名（仮名）	現役時代		退職年齢	管理職になった年齢と勤続年数	転職※1回数
		業種	役職			
継続→個人事業主	笠原祥子	情報通信	部長	65※2	34歳 /43年	無
転職	田上葉子	製造→サービス	課長	54	42歳 /31年	無
（家族介護）	清水百合	情報通信	部長	54	42歳 /32年	無
（退職前）	加藤真紀	メディア他→医療	部長	65※4	43歳 /40年	4 回
（退職前）	永井友子	商社→国際協力 NGO	現地事※3務所代表	60※4	35歳 /30年	3 回

※１ 最終的なセカンドキャリアとしての転職は、転職回数には含めない。
※２ 契約社員として継続就業後、最終的に退職した年齢。
※３ 帰国後転職。
※４ 企業等が定めた定年年齢。

本書のキャリア・エスノグラフィーでは筆者自身の管理職としての経験、筆者（西村）が主催するセカンドキャリア研修でのフィールドワークデータ、対象者へのインタビュー調査をもとに、**女性管理職のキャリア選択の内実**を分厚く記述していく。

本書の登場人物は次のとおりである（表0-1、表0-2）。

註

（1）均等法第一世代：内閣府「男女共同参画白書」（平成16年版）では、均等法施行直後の昭和61年から平成2年（1986～1990）を第一世代としているが、本書では施行前後（1981～1991）と定義する。

（2）本書では「セカンドキャリア」を、自社での継続就業も含め、転職、起業・独立など、勤務先の会社等が定めた「定年」以降のキャリアを指すものと定義する。

CONTENTS

第3章

定年に向けたキャリアワーク ……… 099

第1章 働き続けることを選んで

1 子育てと海外出張

残業は夜8時まで

情報通信企業で部長を務めた桂木恭子が就職したのは、「男女雇用機会均等法」施行の数年前のことだ。桂木は高校時代に、ゲームを解くような感覚を味わえる数学の面白さにのめり込み、大学でも数学を専攻した。大学入学当時には、「女が数学なんて勉強しても教師になるくらいしか就職先はないぞ」と親戚から言われたこともあった。

しかし、世の中の変化はめざましく、テクノロジーが日々進化していく。桂木の就職活動時にはソフトウェア技術者が圧倒的に不足していた。そうした背景の中で、女性でも数学専攻の学生は重宝がられた。桂木もその一人だ。就職には苦労しなかった。

桂木は、当時から、キャリアについて特別な思いを抱いていたわけではなかった。高校を出たら大学へ行き、大学を出たら就職するのが当たり前だと認識していた。一代で事業を起こした祖父の事業の失敗で、小学校の頃から母が働いている姿を見てきたことも、桂木のキャリア観に少なからず影響を与えていた。

桂木が大学に進学した当時（1979年）、4年制大学への女性の進学率は12・2%[1]とまだ低かった。働き始めた1980年前半は「男女雇用機会均等法」の施行前で、まだ男女の働き方に違いがあったが、かと言って桂木の母親世代に比べれば、大学を卒業した女性が就職していくのは自然なことであった。

エンジニアとして入社した桂木は、仕事上で女性差別を受けるようなことは滅多になかった。配属後に、お茶くみとして湯呑み茶碗と灰皿を洗う仕事があったものの、新入社員だからだと思い、それほど気にはならなかった。その後、お茶くみも数カ月でなくなった。

それよりも男性社員との違いを認識したのは、女性社員は夜8時までしか残業が認められていなかったことだ。男性社員は夜遅くまで残業をしているのに、女性社員は、8時になると「帰れ」と指示された。

「男女雇用機会均等法」は、1979年の国連総会で採択された「女子差別撤廃条約」の批准に当たり、当時の「勤労婦人福祉法」(1972年)を改正したもので、1985年に制定され、86年から施行された。施行前は女性労働者の母性保護の観点から、働き方にはさまざまな男女差があった。当然それは仕事の進捗にも影響した。

桂木が当時所属していた部署は、海外向け製品のソフトウェア開発部門で、海外顧客へのデモを桂木ともう一人の新人女性が担当した時には、準備が間に合わず、退勤してから近くのカフェにデモ機を持ち込み、二人で仕事をしたこともあった。

その後、桂木は結婚を機に別の部門に異動になる。移動先は、若手社員も女性社員も少ない部署だった。技術系女子は二人しかいなかった。

結婚して1年が経つ頃、桂木は長男を授かった。桂木には子どもを授かったことで仕事を辞めるという選択肢はなかったが、当時はまだ、幼い子どもを持つ母親が働くということは一般的ではなかった。保育園を探すことを部門長に伝えると、「世の中に子どもが生まれても働き続ける女性がいるとは聞いていたが、本当にいるんだね」と言われたことは、当時、桂木にとっては驚きで、今でも忘れもしない。

入所の条件を満たしているにもかかわらず、定員の問題から保育施設を利用できない未就学児の存在は、近年、「待機児童問題」として、特に都市部で問題視されてきたが、桂木の時代でもすでに働く母親にとっては切実な問題であった。幸い、市が運営する保育園への入所が決まり、桂木は育児をしながら仕事を継続する体制を整えることができたが、古い価値観のまま、母親が子どもを預けてまでして働くことに、否定的な考えをする人もまだ多かった。

子育てをしながら働く女性は、部門で桂木一人だった。桂木本人は、そのことを気にしていたわけではないが、同僚たちには初めてのことで戸惑いもあったかもしれない。子どもはしょっちゅう熱を出し、そのたびに保育園からお迎えの電話がかかってくる。当時はまだ、携帯電話のない時代である。朝、会社に着くとすでに保育園から職場に連絡があって、同僚から伝言を受け、仕事をせずにそのまま帰ったこともあった。

海外出張の打診

長男の誕生から3年後に、桂木は次男を出産する。その次男が1歳になった時から桂木の海外出張が始まった。当時の上司に「もういいよね?」と海外出張を打診された時は、その場で「イエス」と即答し、それから対応策を考えた。

均等法が施行されても、女性に対してはさまざまな制度やルールの壁があった。「女性への配慮」という名の壁もその1つだ。大変な仕事、難しい現場を任せるのは可哀そうだという配慮が多くの職場で女性たちの成長の機会を奪っている。それを理由にチャンスを与えない場合もあれば、真剣に女性のことを思っての場合もあった。だが、桂木の場合は違った。桂木は、

「変な気遣いなく私に選択権を与えてくれた当時の上司には感謝している。」と振り返る。

それから、年に数回の海外出張が続いた。海外で開催される国際展示会を担当し、海外の大学との共同プロジェクトやODA（政府開発援助）の仕事など、世界中に出張してビジネス経験を積んだ。

二人の子育てと海外出張を両立できたのは、周りのサポートがあったからだ。社内結婚した桂木の夫は協力的で、実家の母親も頻繁に家事や育児を手伝いに来てくれた。海外出張の際には、保育園の友人ママたちも力をかしてくれた。海外出張中の保育園へのお迎え担当の日程表を作成し、今日はおばあちゃん、次の日は○○ちゃんのお母さん、というようにスケジュールを組んでみんなで共有した。保育園の友人ママは、自分の子どもと一緒に、桂木の子どもたちを自宅に連れて帰り、夕食を食べさせ、風呂にも入れてくれた。そして桂木の夫が迎えに行くまで、寝かしつけてくれた。今でも彼女たちには感謝している。

子どもたちは毎日、違う友だちの家で一緒に過ごせて寂しさを感じたことはなかったようだ。働く母親同士のつながりと支えなくして、子育てと海外出張の両立は難しかった。

当時、桂木が決めたことは、海外出張は最長でも2週間としたことだ。仕事おわりに現地の

担当者が観光に連れて行ってくれる機会は断り、桂木だけ同行者より先に帰国した。桂木は、子どもを授かった時も、また海外出張打診に対しても、育児で仕事を諦めるということは基本的にはなかった。周囲の協力を得ながら仕事を続けてきた。

「周囲の協力が得られたのは恵まれていたと思います。お金もずいぶん使いました。子どもの保育園とベビーシッターさんに多い時は月に15万円ほど支払っていました。子どもが小さい時はあまり残業もしなかったので手取りはわずかでしたから、**私のお給料はほとんど消えてしまい、何のために働いているのかと思ったこともありました。**よく、育児と仕事とどちらを優先してきたのかという話がありますが、**私の場合、仕事を優先してきたという気持ちはありません。仕事も子どももどちらも大事で、どちらかを優先するのではなく『両方とも』と欲張ってきたというのが正直な気持ちです。**一度だけ、まだ長男がおなかにいる時に本社の海外営業の課長から来ないかと誘われたことがありました。魅力的な誘いでしたが、さすがにあの時だけは、これから子どもが生まれるのに今より30分以上も遠い東京大手町の本社に満員電車で通い、時差のある海外との業務は無理だろうなと思って断りましたが…」（桂木　2022年4月1日）

図1-1　女性の年齢階級別就業率の変化

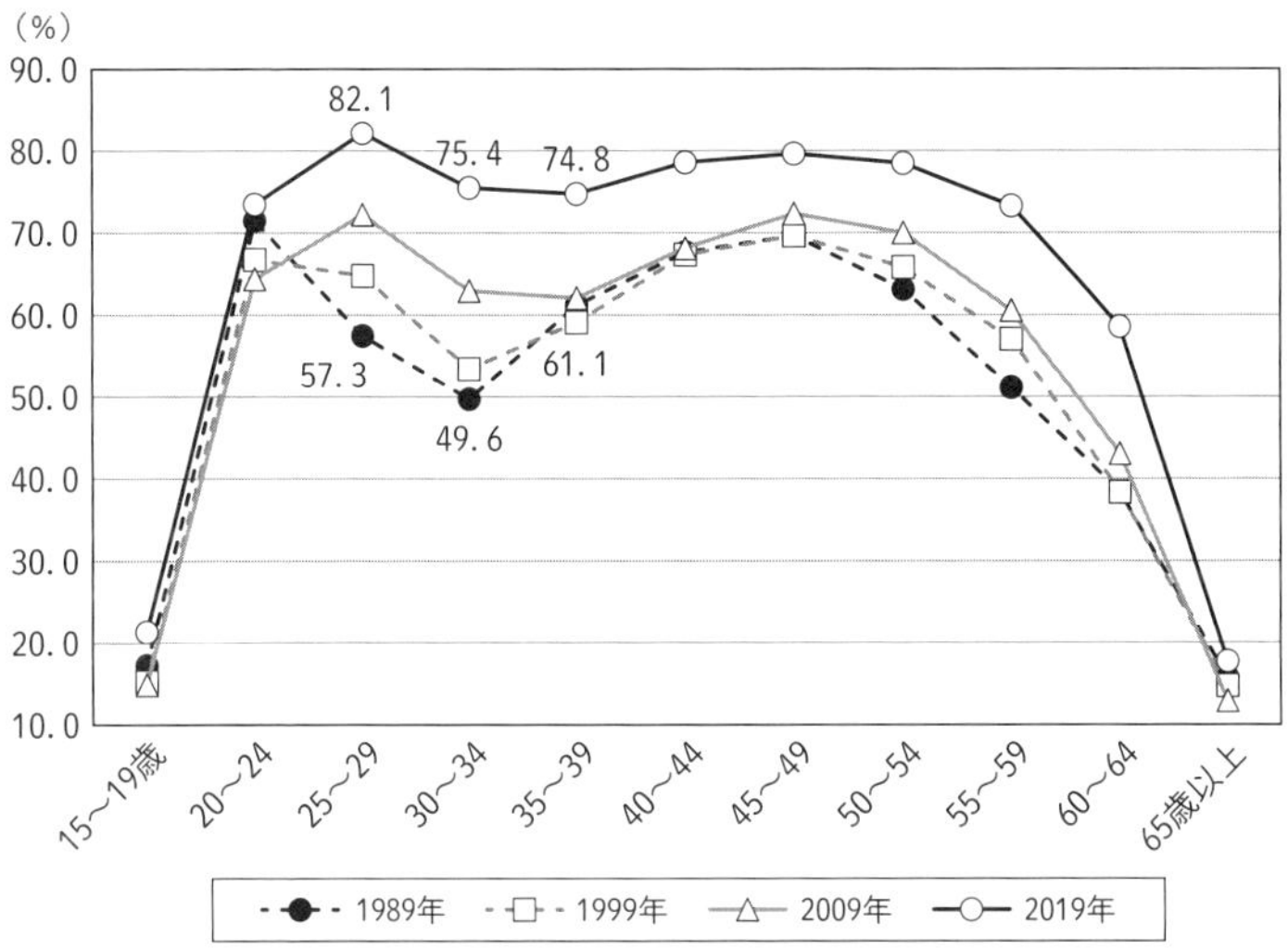

資料：総務省統計局「労働力調査」
出所：厚生労働省（2020）令和２年版厚生労働白書「女性の年齢階級別就業率の変化」をもとに筆者修正

桂木のように周囲の協力を得られた人は恵まれていたと言える。女性の就業率は、結婚・出産期に一旦低下し、育児が落ち着いた時期に再び上昇する、いわゆるM字カーブを描くことが知られている（図1-1）。

桂木は1987年に27歳で長男を、1990年に30歳で次男を出産している。図1-1の1989年のグラフではちょうど30歳～34歳でM字の谷がかなり深くなり、20代前半の入社時には70％を超えていた就業率[2]が49・6％にまで落ち込んでいる。近年はM字の谷の部分が浅くなり、かつ出産、育児の高年齢化により谷の部分が右方向にずれているが、桂木の時代、多くの女性たちが出産・育児で職場を離れることを余儀なくされ、桂木のようなケースはまだ少数派だった。

2 何よりも仕事が楽しかった

一番欲しいのは〝専業主婦の奥さん〟

桂木は41歳で課長職に就く。同期の男性社員と比べると、ずいぶん遅れての昇格だった。桂木は管理職になることを希望していたわけではない。だが、昇級が後輩の男性に抜かれたり、正当に評価されていないことには疑問を感じていた。

人より先に出たい（出世したい）という気持ちはなかったが、人より遅れをとるのは嫌だった。桂木の世代は、学校では男女平等の扱いを受けて育ってきた。男性と同じが当たり前だと思って過ごし、差別されているという意識は抱いていなかった。特に、技術系の職種で男女差を問われることもない。

ある日、桂木は昇級しない理由を、自分の何がいけないのかと上司に直接聞いている。「仕事はそれなりにやっているつもり」と、仕事に対する「自負」もあり、それが適切に評価されることを望んだ。その時に上司から言われたのは、仕事上は何の問題もない、ただ、次男出産後の自己欠勤が大きく響いている、ということだった。当時は育児休暇制度がなく、長男の時は産休後すぐに復帰した。次男が生まれる時には育児休暇制度が導入されて、取得するなら第一号だと言われたが、長男が保育園を辞めなければならないので育児休暇は取得せず、数週間、自己都合で欠勤したのが響いたのだ。桂木はまた、「悪いところがあれば改善したいと思った」と、昇進よりも自身の成長を意識している。

子どもが小学生になると残業も増え、週に2〜3日は退社が22時〜23時になり、土日出勤も当たり前となった。誰かに強制されたわけではない。**やればやるほど仕事があり、何よりも仕事が楽しかった。ただ、疲れは溜まっていた。久しぶりに会う同期入社した友人とは、「今一番欲しいのは〝専業主婦の奥さん〟だよね」と言い合うこともあった。**

もちろん、うまくいくことばかりではない。仕事は山あり谷ありで、気持ち的に落ち込むこともあった。「もう仕事、辞めようかな」と思ったことも何度もある。しかし、そんなことを口走ると、中学生になった長男が「辞めちゃダメ」だと言ってくれた。働く母親を肯定してくれていると嬉しく感じた。

桂木の夫からは、「辞めてもいいよ。でも、辞めて何をするの?」と言われた。そう言われると、**特段これといった趣味もなく、仕事を辞めたらやることもなくなってしまうと思った。**

桂木のように仕事以外の趣味がないという働く女性は多い。仕事と家事・育児で自分の自由になる時間がなく、趣味を聞かれるのが嫌だという女性もいる。桂木は所属する企業グループの中の組織移管やグループ編成変更などで、２回グループ企業内で転社を経験する。２回目の転社先で部長職に就いた。

「だから女はダメなんだ」

エンジニアとして入社してから結婚までの数年間はシステム開発に従事したが、その後は、さまざまな業務を経験した。その間も女性だからという差別を受けた記憶はほとんどない。ただ、今でも鮮明に覚えている出来事がある。グループ企業横断の社内研修に参加した際に、初めて会う別会社の男性社員数名とグループワークを行った時のことだ。誰からも意見が出ないので、口火を切って意見したところ、「なんだ、この女は」的な空気を感じた。その場で何かを言われたわけではなかったが、明らかに「女は黙ってろ」という雰囲気だった。桂木の言い方が悪かったのかもしれない。だが、場の空気を読んで、それ以降は、自分の意見を言わずに控えめにした。

桂木は46歳で部長に昇進する。同期の女性が先に部長についていたので、二人目の女性部長であった。その同期は50歳で早期退職したので、それからしばらくの間、桂木一人が女性部長だった。1800名の会社で女性の管理職は数名程度。名前をすぐに覚えてもらえたり、歳の離れた役員が「頑張ってるね」と応援してくれるなど、女性管理職としてのメリットも少なくなかった。

逆に、同年代の男性部長から、「女性はいいよね。平気で役員と話ができて」と言われたこともある。役員たちと気軽に口をきいているのを面白くないと思った男性管理職もいただろう。**桂木は、自分が優秀で誰からも文句を言わせないくらいの力があったら、そんな人たちも納得していたのかもしれない。だが、実際はそうではなかったと当時を振り返る。**女性管理職としての苦労は、女性であるというよりも自分の力不足によるものだと思っていた。

当時は特に、男社会で実力を認められるのには、自他ともに認められる圧倒的な実力が必要だった。桂木は自分の力不足を感じ、苦労の原因はそこにあると語った。桂木にも失敗はある。ただ、**桂木の失敗は個人の失敗ではなく、「だから女はダメなんだ」と言われることを心配した。**桂木のように、数少ない女性管理職たちは、あたかもその組織の女性代表であるかのように評価されることで、失敗することを恐れていた。後に続く女性社員のキャリア形成にも影響するからだ。

年上の男性部下のマネージメントは、人一倍、気を使った。女性で、自分よりも若い上司を素直に歓迎できない心境も察することができたからだった。

ＩＴ関係の展示会に行ったある日のこと。当時、情報システム部長として、情報収集が目的で展示会にはよく足を運んでいた。説明員の中で明らかに小馬鹿にするような態度の人がいた。若い人の多い最先端のＩＴ展示会に50代の女性は不釣り合いだったのだろう。質問しても適当にあしらわれているのを感じた。そこで専門的なことを聞くと、あれっという顔をして、名刺を出すと態度が急変した。

桂木は参加する多くの会議でいつも紅一点だった。組織の中で女性がいても、同世代の女性はいない。朝の出勤や帰りの帰宅の時間に電車内で見かける女性たちの中にも同世代はあまり見かけなかった。いったい50代の女性は世の中のどこに居るんだろうと感じたこともあった。桂木自身は、特別なことをしている意識はなかったが、世の中の一般的な50代女性の姿ではなかったのかもしれないと振り返る。桂木の周囲に同年代の女性が存在せず、孤立していた様子を物語っている。

3 差別や偏見の中で

入社時のキャリア観

桂木に限らず、女性たちは入社時にキャリアを意識して長く働き続けることを必ずしも全員が希望していたわけではない。定年を迎える頃には部長職に就いていた女性たちの多くが、入社当時はあまり深く考えずに就職し、仕事をしていく中で仕事の面白さに気づき、仕事を継続していく道を選ぶようになっていった。

メディアにいた黒川碧は、「**若い頃は寿退社しようぐらいの感じでした。ただ入ったらすごく仕事が面白くて、だんだん仕事にのめり込んで行きました。**その頃には、辞める選択はもうなくて」と語る。また、外資金融から国内製造業に移った坂下弥生も「定年と言われる年まで働くと全然思わないで就職したので、**自分でもびっくりしているんです。辞めないことをモットーにしていたわけではは全然なくて、やっぱり面白いから続けてきたかな**」と振り返る。

一方で、最初の就職先では女性が長く働くことはできないと1~2年で別の会社に転職した人たちもいる。サービス業で主幹を務めた秋本由希は「女性は長く勤めないっていうような雰囲気だったので、ちょっと先があまりにも見えないなと思って」と新卒で入社した会社を1年半で辞めている。国際協力NGOで現地事務所代表まで務めた永井友子の場合は、最初の職場では女性は補助的業務しかさせてもらえなかった。社会に出て初めて「男女差別」を感じた経験でもあった。当時、ボランティアで関わっていた国際協力NGOが男女の区別なく誰でも意見が言える雰囲気だったので、男女差別なく働けると思い、国際協力NGOに転職した。

留学経験がある中野美枝はグローバルに活躍したいと最初に就職した国内メーカーでは海外営業部を希望したが、総合職として採用されたものの入社してみると女性としてのキャリア形成がまったく見えず、将来活躍することが期待できないと外資系企業へ転職している。

就職先として外資を選んだ女性たちの中には、語学力を活かしたいという海外志向の人だけでなく、男女の差がない職場を選択した結果、外資に就職した人もいたと考えられる。大学卒業後に外資系に進んだ坂下は、「仕事上は外資系の金融にいた時は女性だから区別されたってことはないです。まったく一緒に扱われていたと思います。」と語っている。

当時の働く環境における「男女平等」は、海外に比べて我が国は今以上に遅れをとっていた。だが一言で外資と言っても坂下のようなケースもあれば、国内企業に近い労働環境もあった。中野は転職先の企業について「外資系と言ってもカラーは結構国内の企業に近かった」と語った。

無意識のうちに受け入れていた「男女差別」

均等法で各種の制度が導入された後も最初はまだ形ばかりで、様子見の企業も多かった。先進的な企業とそうでない企業とで大きく違っていたが、どちらにしても会社が本気になるには時間がかかった。問題は会社の文化やそこで働く人たちの意識が変わるのにはさらに時間がかかるという点である。

製造業で部長職だった牧瀬智恵は若い頃、「下手な男子より使える」と上司から褒め言葉として言われた経験がある。その時、彼女が感じたのは「その褒め言葉、何？」というものだった。とんでもない、だが当時はそれが当たり前の世界だったと語る。上司からの褒め言葉の中にも、その当時の意識が垣間見える。

現在でも、いまだに社会のあちこちで「男女差別」は存在している。ニュースで取り上げられるたびに、いつになったらこの問題が解消されるのかと思う。永遠になくならないのかもしれない。男女間の問題だけでなく、ＬＧＢＴＱ[3]など性的マイノリティへの差別や人種差別なども含め、より複雑になっている。しかし、現代は、そういった差別に対し社会が敏感に反応しているのが救いでもある。

当時はそうではなかった。男女平等が謳われ、均等法が施行されても当時は男女差別がそれほど問題視されることはなかった。女性は補助的業務しかさせてもらえないと国際NGOに転職した永井のように、学生時代までは男女肩を並べ「男女差別」をあまり意識することなく育ってきた女性たちの多くが、社会に出て初めて「男女差別」に出会っている。実際、時代的には女性は男性をサポートする立場という空気がまだあった。当事者である女性たち自身もそういうものだと無意識に受入れていた部分もあった。

男女差別を感じ、先があまりにも見えないと1年半で転職した秋本も、差別という認識を強く抱いていたわけではない。転職先でも朝の机ふきやお茶くみ、灰皿の片付けが当たり前のようにあったが、「**あの当時は何かもう当たり前だったので、差別はあんまり感じないというか、もうそれが当然のような感じで逆に受け止めちゃったかな**」と振り返る。

桂木は新人の時のお茶くみを、「女性だからというよりは新人だからだと思っていた」と語り、牧瀬は「女性だからなのか、もともと私が異分子だからなのかわからない」と捉えていた。また、情報通信企業で部長を務めた小宮遼子は意見を求められないと感じたことはあったものの、「女性だからというよりは、意見がないから聞かれないのだと思っていた。」と言う。実際、そこに「女性差別」があったかは不明だが、何か違和感を覚えたとしても、当時はその理由を別のところにおいて無意識のうちに納得し、「女性差別」の存在を認識していない。

一方、秋本のように明らかに「性別役割分業」を認識したとしても、それが「差別」であると最初は気づかなかった女性も多い。いや、実際には、なぜ女性だけ？と疑問に思ったとしても、時代の空気として、また、ステレオタイプの「女性らしさ」が「お茶くみ」というタスクを女性にだけに割り当てられることを、当事者である女性たち自身も是として、無意識に受入れていた。

昭和女子大学の理事長・総長である坂東眞理子は、現在の女性に対して「男女平等・機会均等は憲法でも法律でも保障されているのに私たちの考え方も行動もまだまだ40年前、50年前の高度経済成長時代、もしかしたら100年前の明治時代の社会制度に影響された思い込みが残っている」（坂東　2022　15頁）と女性たち自身が女性に対するアンコンシャス・バイアス（無意識の偏見）[4]を持つことを指摘しているが、当時の女性たちは、まさに「女性はそうあるもの」と小さな頃から蓄積され、刷り込まれた無意識の思い込みの影響を受けていたと考えられる。

秋本が「宴会の席とか、それってその当時だけじゃなくて相当長いこと続いてると思うんですけど、普通の仕事の関係であっても、やっぱり女性が当然お酌しに回っていくとか、ある程度、女性的なそういう役割みたいなものも暗黙に期待されている」と語るように、刷り込まれた無意識は、文化的行動として根深く残る。

「お茶くみ」に限らず、たとえ男性と同じ総合職として同じ仕事をしていても、女性には「女性としての気遣い」が求められ、女性たちもそれを当たり前のように受入れる風潮が当時はあった。他者に対する「気遣い」は、職場だけでなく社会生活の中で必要なものではあるが、性別役割として女性にだけそれが求められた。また、「職場の花」という言葉で象徴されるように、業務遂行能力よりも場の雰囲気を和らげる存在として、職場の女性に期待する役割を捉えていたケースもまだ少なくなかった。

黒川は、20代の頃、あるイベント後のパーティーへの出席を強要され、嫌な思いをしている。同じくらいの年齢の男性社員はメインの仕事を担当するのに、女性だとお茶くみやイベントの受付、ゲストの世話役、などの仕事の担当になり、もどかしく感じていた。あるイベント終了後には、管理職の男性社員から「黒川、パーティーに行け」と言われた。

「モスグリーンのスーツの女性(注：黒川のこと)がいないとゲストの先生から言われたら困るからと。**当時はセクハラって言葉はなかったんですが、ものすごく不愉快な、不快な気持ちになったんですね。女性だけがそういう仕事をさせられるっていうのが悔しかったですね。**しかもそのパーティーの席にはちゃんと接客の女性がいらっしゃってたんです。お酒をお注ぎする仕事の、そういう女性の方たちがいたにもかかわらず、そんなことがあっ

たと思いました。」（黒川　2022年4月23日）

処遇、賃金、昇進の格差

暗黙の「性別役割」だけでなく、明確な「男女差別」も存在した。グローバルに活躍することを目指していた中野は、最初の会社では女性という理由だけで名刺を作ってもらえなかった。机ふきを常にやらされ、海外出張も認められない、という経験もした。牧瀬の場合は、女性差別を入社時から感じていた。女性は大卒でも高卒や高専卒と同じ処遇ルート扱いで、大卒男性と同じ処遇ルートに転換するためには3年間の勤務実績がないと試験を受けられなかった。「**3年たって、そこで初めて、その年に入社した男性の大学卒と一緒なのでだいぶ遅れていきますよね、当然。同期と比べると何なんだろうなって**」と当時の疑問を口にする。

処遇ルートの違いは、当然、賃金格差にも反映される。

男女間の賃金格差は、解消の傾向はあるものの依然大きい（図**1-2**）。これは女性の場合、非正規就労者が男性よりも多いことが大きな要因の1つとして挙げられている。だが、山口（2014）は、男女賃金格差の要因として女性に非正規雇用が多いこと以上に正社員内の男女の賃金格差が大きいことが原因であると指摘している。

図1-2　男女間の賃金格差

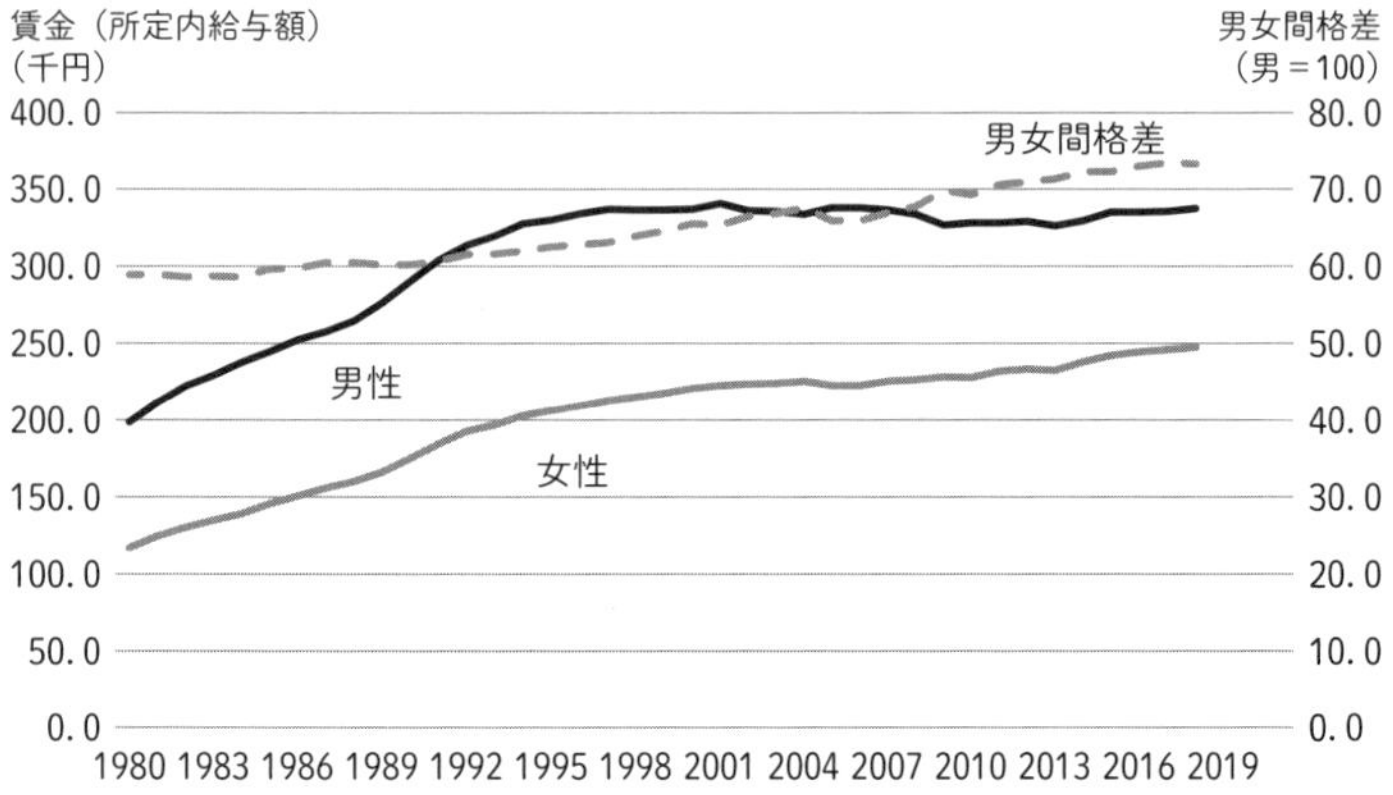

出所：労働政策研究・研修機構（2022）「男女間賃金格差」をもとに筆者作成

秋本は「新卒1年半で転職して、その翌年に男性が新卒で転職先に入ってきました。それで1年差があるんだけれども、基本給が1万ぐらい向こうの方が高かったんですね、新卒の子の方が。あーそうなんだと思って…あまりそういうことそんなに考えてなかったんですけど、同じだと思ってた部分があったので、**ああ男女でそんなに差をつけるんだみたいなのは、ものすごくショックで覚えてるんですよね。**」と語る。

図1-3は厚生労働省（2021）による令和3年「賃金構造基本統計調査」から、正社員・正職員の給与の男女比較を年齢別に表わしたものである。入社当時は男女の差はそれほど大きくないが、徐々に拡がり50代後半に賃金格差はピークとなっている。

賃金格差は昇進の差の影響も大きい。

図1-3　年齢別正社員・正職員の賃金男女比較

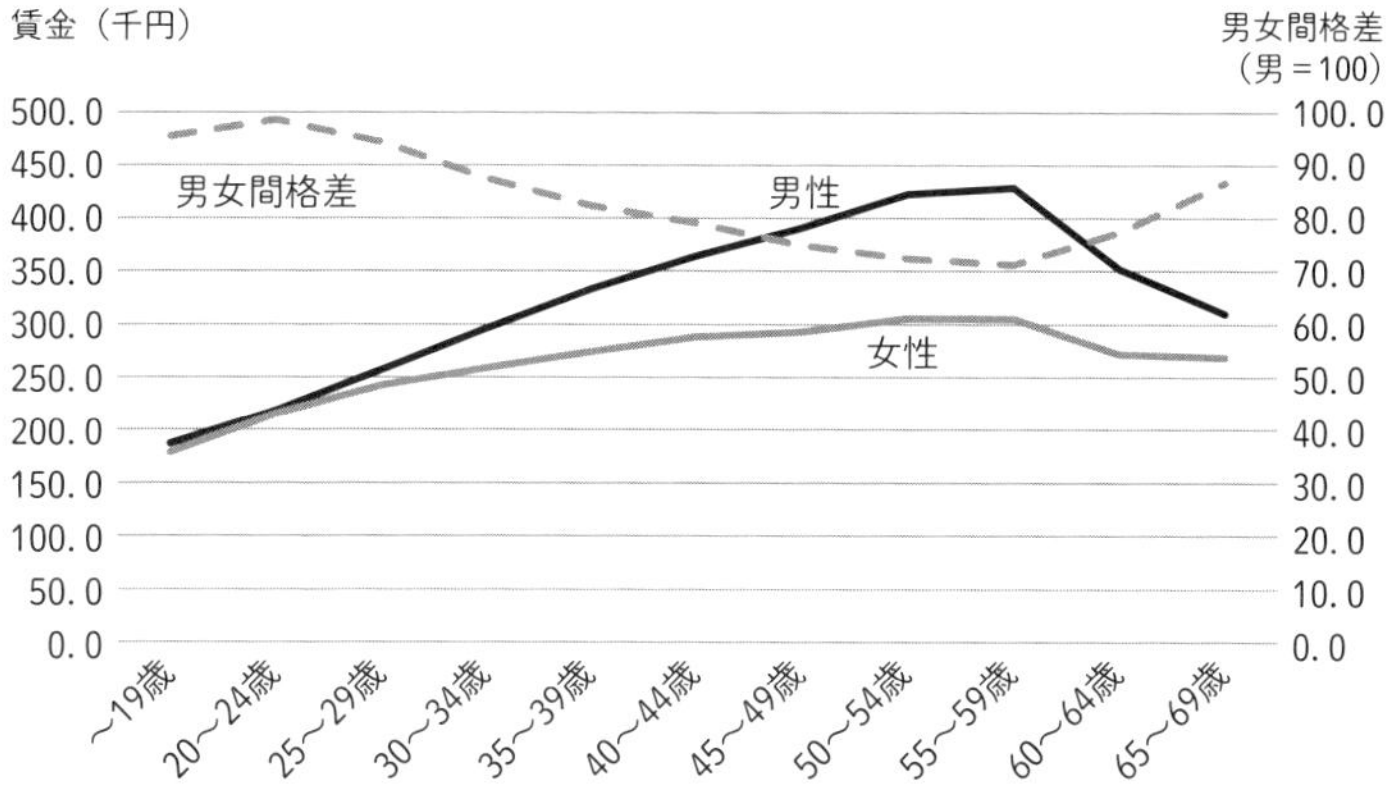

出所：厚生労働省（2021）「令和３年賃金構造基本統計調査」をもとに筆者作成

山口（２０１４）は、「女性正社員が26〜30年かけてようやく達成する課長以上割合を男性正社員は5年以内に達成し、女性正社員が一生その企業に勤めてようやく達成できる割合を、男性正社員は11〜15年目に達成する」（山口　２０１４　18〜19頁）という調査結果を紹介し、昇進においても男性が優先されており、昇進の速度にも大きな男女差がある実態を、事例分析から明らかにしている。

山口（２０１４）の発表から8年経ち、この年月の差は多少改善されていると考えられるが、均等法第一世代の時代は処遇の面での男女差は大きく、管理職登用で女性には大きな壁があった。さらにその壁を乗り越え管理職になれたとしても、その先の昇進で差別を感じた女性たちは多い。牧瀬は「今回の昇進試験は、○○（男性）のラストチャンスなので、君は来年以降にしてくれ」と上司に言われたことがある。

副部長から部長になるのに10年かかったという黒川も、「男性は、早くて3年ぐらいで部長になっていく。私より後に副部長になった男性たちがどんどん部長に昇進していって、なんか忸怩たる思いがあって、男性有利だったなあと…」と、昇進についての男性優位を語った。転職を重ね、最終的に医療業界で部長職を務めた加藤真紀も、当時の働く女性の立場を象徴的に語る。

> 「新卒で入社した会社は男女の待遇差はなかったんですが、女性の数が少なく、まだまだ社会通年的に男女の差別があって、続けやすい雰囲気ではありませんでした。**普通にしていたのではキャリアアップは望めないので、上を目指す女性たちは、男の2倍働くという意識があったと思います。**例えば海外出張の打診があった時、すぐに「行きます」と答えたら、**『ご主人に相談しなくていいの？』と聞かれました。**万事そのような感じ。なんと思われても毅然としているしかないと思って頑張りました。」（加藤　2022年11月13日）

よほどのことがない限り、海外出張に際して、「奥さんに相談しなくていいの？」と男性が聞かれることはない。

明らかに差別を感じても、当時は、それを声に出して改善を求める人は多くなかった。それよりも、その差別を受入れ、その中で男性以上の働きで女性たちはキャリアアップを目指してきた。

男女差別の中で自分は勝負していかなければいけないとわかっていたと語る牧瀬は、抗議をするより、自分のやりたいことをどう実現するかを考えたと次のように語った。

「抗議をして、アクションとった結果が何も変わらなければ、あるいは逆にマイナスになるんであれば、自分が怒りを爆発させただけになってしまうので、それはしない方がいいかなと思った時もありました。**権利ばかりを主張しても嫌われるばかりなので、どう上手くしなやかに自分のやりたいことをやれるようにするかっていうことを意識しました。**」

（牧瀬　2022年9月7日）

彼女たちに共通するのは、「あきらめ」というよりも、現実を受入れる「潔さ」と「しなやかさ」だ。

図1-4　女性が職業を持つことに対する意識の変化

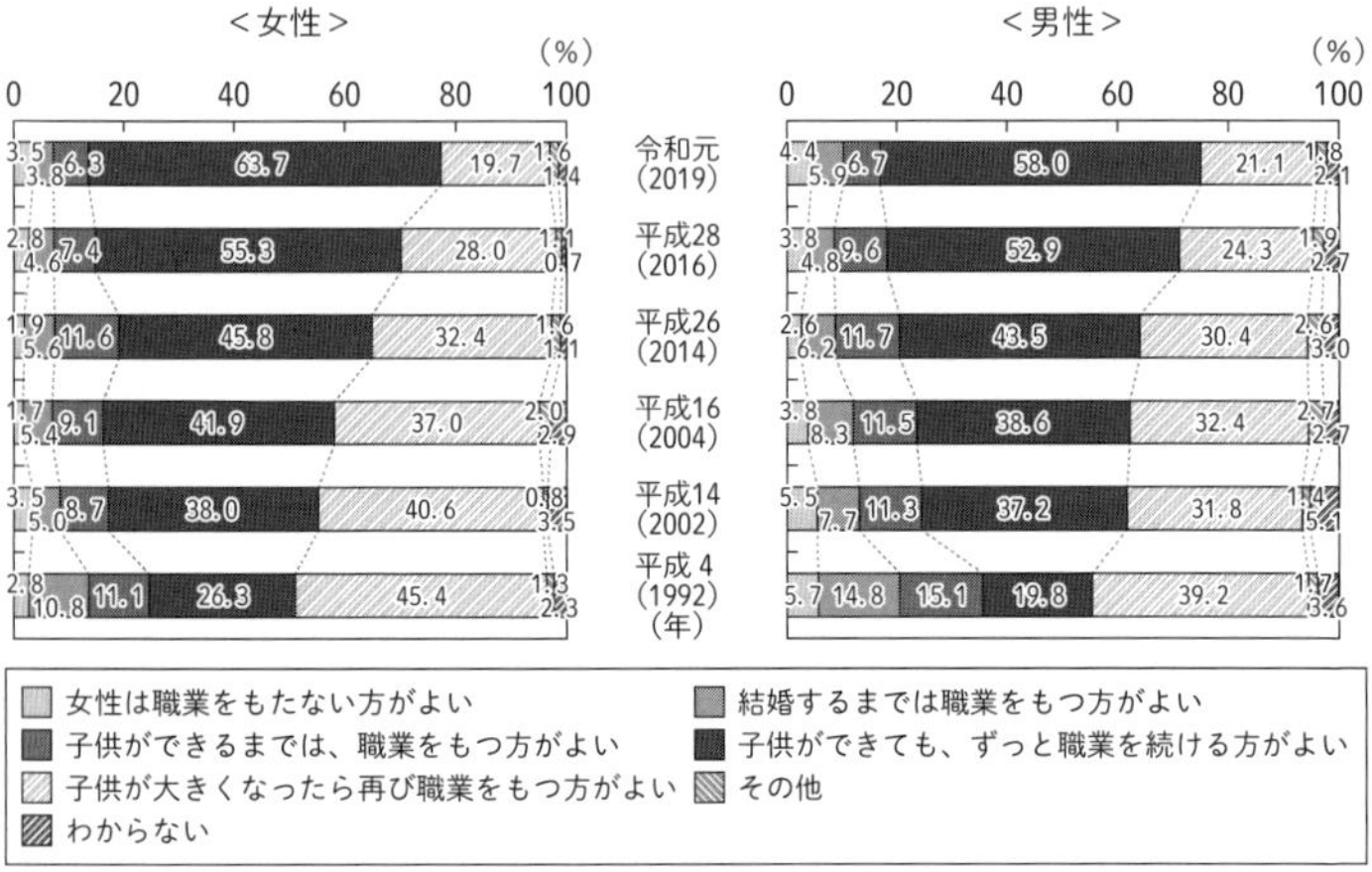

（備考）1．総理府「男女平等に関する世論調査」（平成4（1992）年）、内閣府「男女共同参画社会に関する世論調査」（平成14（2002）年、16（2004）年、28（2016）年、令和元（2019）年）及び「女性の活躍推進に関する世論調査」（平成26（2014）年）より作成。
2．平成26（2014）年以前の調査は20歳以上の者が対象。平成28（2016）年及び令和元（2019）年の調査は、18歳以上の者が対象。

出所：内閣府（2022）「令和4年版男女共同参画白書」

働く母親への偏見

さらに、男女の差別だけでなく、働く母親としても彼女たちには壁があった。本社に転勤した際に、一人目の子どもがいた黒川は、40代の先輩男性社員から**「共働きで女を働かせてるその旦那も甲斐性がないな」**と言われたことがある。

２０２２年６月に公表された内閣府（２０２２）「令和４年版男女共同参画白書」によると、「子どもができても、ずっと職業を続ける方がよい」との回答は男女とも上昇しており、２０１９年調査では男女ともに６割前後にまでなっている。だが、黒川が子どもを持った１９９０年頃は「子どもができても、ずっと職業を続ける方がよい」との回答は女性でも26・３％、男性は20％を切っている（図１－４）。まだまだ女性が働く事に対しての偏見があった時代で、女性本人だけでなく、夫自身がそう見られることを嫌がり、妻の就労に反対するケースも多かったのではないかと推察される。

4　定年まで働く女性たち

ミドル・シニアの女性就業率の増加

総務省（２０２１）「人口推計」によると、我が国の総人口は前年同月比で64・４万人も減少している一方で65歳以上は18・８万人増加しており、総人口の28・８％を占める。一方、65歳以上の就業率は25・１％（男性34・１％、女性18・２％）（２０２１年総務省「労働力調査」）で、65歳以上の４分の１が就業している。

女性だけを見てみると、45歳以上の女性の年齢階級別就業率は過去40年で上昇しており、特に50歳以上の就業率の上昇が顕著である。上昇幅が最も大きいのは55～59歳で23・２ポイント上昇で就業率は73％と７割強、次いで60～64歳では22・２ポイント上昇し就業率は60・６％と

図1-5 女性年齢階級別就業率の推移

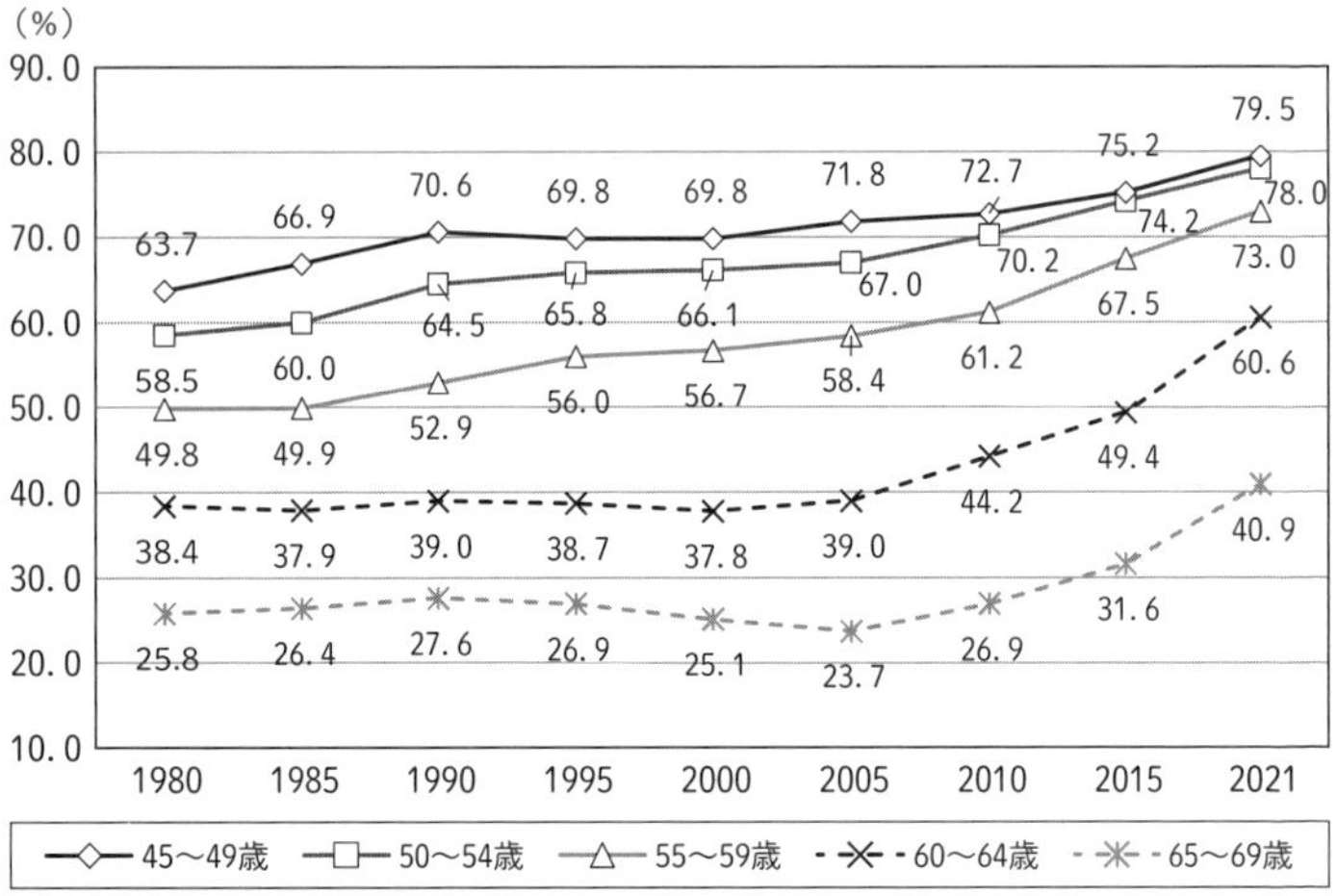

出所：総務省（2021）「労働力調査」をもとに筆者作成

6割の女性が就業している。65歳〜69歳でもいったんは減少したものの近年は上昇し、2021年には40・9%と4割の就業率である（図1-5）。

一方、OECD（2019）によれば、日本は高齢者の労働参加率がOECD諸国の中で最も高い国の1つである。だが、女性に対しては割合を増やす余地はまだあると報告されている（図1-6）。たしかに60代後半から70代前半については他国に比べ高い就業率ではあるが、50代後半から60代前半の女性については、まだ改善の余地はある。60代後半から70代前半の女性の就業率が高い点は日本の女性が他国に比べて長生きであることに関係していると考えられる。

日本については、実績値に加えて

図1-6　OECD諸国各年齢層の人口に占める労働力人口の割合（2017）

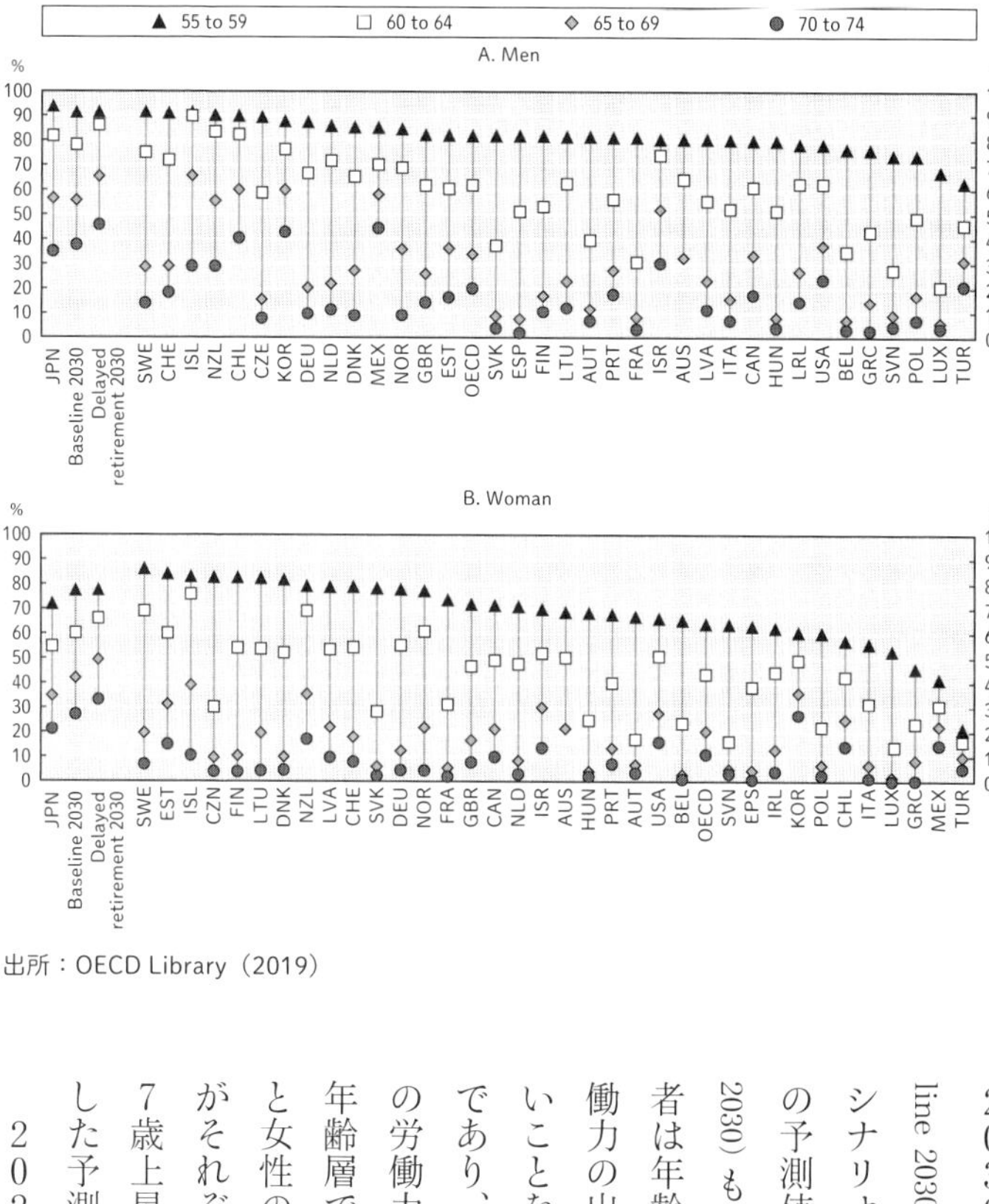

出所：OECD Library（2019）

２０３０年の予測値（Baseline 2030）と、「遅延退職」シナリオによる２０３０年の予測値（Delayed retirement 2030）も示されている。前者は年齢層と性別による労働力の出入り率が変わらないことを前提とした予測値であり、後者は、55歳以降の労働力からの退出率が各年齢層で10％低下し、男性と女性の平均実効退職年齢がそれぞれ１・１歳と０・７歳上昇することを前提とした予測値である[5]。

２０２１年の「高年齢者

表1-1　年齢階級別平均勤続年数（女性）

（年）

	40〜44歳	45〜49歳	50〜54歳	55〜59歳	60〜64歳	65歳以上
1980年	7.5	8.7	10.6	10.6	10.8	12.8
2019年	10.7	12.4	13.9	15.8	16.0	17.1
延伸	3.2	3.7	3.3	5.2	5.2	4.3

出所：厚生労働省（2022）「令和４年版労働経済白書」をもとに筆者作成

雇用安定法」の改正で高齢者就業促進の動きが加速しており、高年齢女性の就業率は今後も増えていくと考えられ、ＯＥＣＤの予測値をさらに上回る可能性も考えられる。

女性の勤続年数も、近年、徐々に長期化傾向にある。厚生労働省「令和4年版労働経済白書」によると、女性の２０１９年の勤続年数は１９８０年と比較して、３・２年〜５・２年伸びている。特に50代後半から60代前半の伸び率が著しい（表1-1）。

21世紀職業財団（２０１９）の調査では、働くうえで重視してきたことを訪ねているが、「成長」、「仕事の面白さ」、「信頼」といった内的キャリアについて男性は年代とともに低下しているが、女性はいったん低下した後、50代になって再び上昇している。さらに、同調査によると50代の男性総合職と女性総合職とを比較した場合、モチベーションが最も高かった時と比べて「現在の方が低い」と回答している人は男性総合職が45・8％なのに対して、女性総合職は21・6％と低く、女性総合職は男性総合職ほどモチベーションが低下していない。50代になり、子育てなどの制約から解放されて、これから仕事に集中できると意欲をみせる50代女性の姿がある。21世紀職業財団はこれを「50代に入ると『大切にすること』を仕事モードに切り換える」と表現している。

今後450万人以上の女性が定年に直面する

総務省（2021）「労働力調査」によると、2021年7月時点で45歳〜54歳の正規雇用の働く女性は307万人、55歳〜59歳は100万人、60歳〜64歳は44万人で、彼女たちが働き続ければ今後20年間で451万人の女性たちが「定年」に直面すると言える。かつて「定年」は男性の問題だったが、勤続年数の伸びとともに、定年まで働く女性、定年後も働く女性たちも増え、女性たちも「定年」を意識するようになった。

2020年発表の電通の調査によれば、正規雇用で働く55〜59歳の女性で「定年まで働きたい・働く予定」と回答した人は69・0%、そのうち67・4%が「定年後も働く・働きたい」と答えている。その理由の上位として経済的なことだけでなく、「社会と関わっていたい」（45・2%）、「働くこと／仕事が好き」（26・9%）などの回答も多い（図1-7）。

本書執筆時点（2022年）は1986年施行の「男女雇用機会均等法」から36年が経ち、その頃に入社した「均等法一期生」たちが、そろそろ「定年」を迎える頃である。働くことに意

図1-7 定年まで働く女性

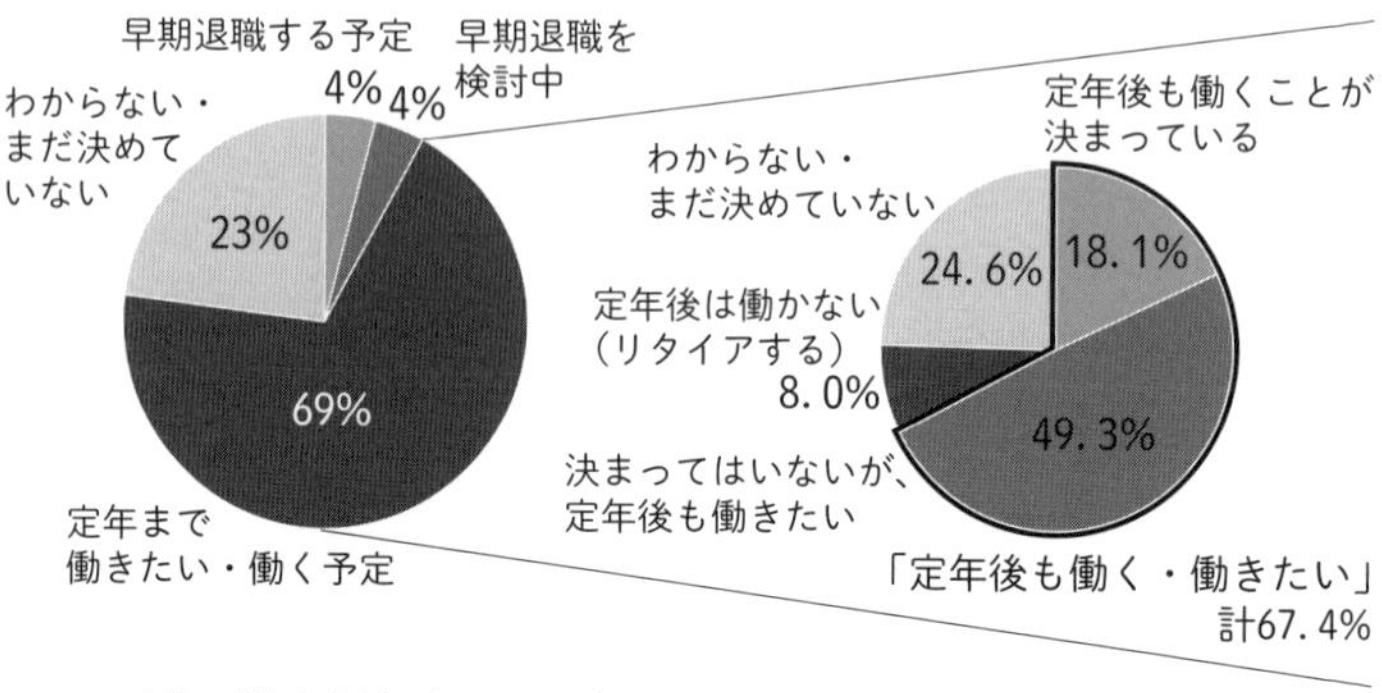

55〜59歳の働く女性（n＝200）

出所：電通（2020）「定年女子」意識・実態調査をもとに筆者作成

欲をみせる50代の女性たちにとって、「定年」はどう位置づけられているのであろうか。

21世紀職業財団（２０１９）の調査によれば、50代女性の４分の１（26・4％）が、定年後のキャリアについて「わからない」と回答し、この傾向は総合職で顕著に見られる。この背景について、女性には男性のように多くのロールモデルがないという事情があると考えられると指摘されている。さらに、別のある調査[6]によると働く女性のうち、「定年後の生活を想像できる」と答えているのは３割未満、約９割の女性が「定年後のための準備活動」が必要と答えている一方で、「定年後のための準備活動」ができている人は１割である。21世紀職業財団が指摘するように、そもそも女性の場合、参考にすべき女性の先輩が圧倒的に少ない。

また、一部の女性の多い職種を除けば、職場において少数派である女性の場合、気軽に定年後についての情報交換できる同僚や友人が少ないということもある。さらに、男性同士の情報交換や、時には仕事上の便宜を図ったりする暗黙の人的ネットワーク（オールド・ボーイズ・ネットワーク）からはずれているなど、キャリア相談できる人的ネットワークが垂直・水平両面で女性は貧弱だということが要因の1つだと言える。

5　定年後の不安にもがき続けた50代

毎日が日曜日になる恐怖

桂木に話を戻そう。

40代後半になると、桂木は自身の定年後が不安に感じるようになった。仕事に打ち込んできただけに、仕事がない毎日が日曜日という暮らしがどうしても想像できないからだ。**定年後、何もすることがない日々を考えると恐怖にすら感じたこともあった。**

桂木の周りには、定年退職した女性の先輩社員はおらず、定年後の相談をする相手もいなかった。

「毎日が日曜日」というのは文字どおり毎日が休日で働かないことを意味するが、左遷や定年などで仕事から外された「会社人間」だったサラリーマンの悲哀を描いた城山三郎の小説[7]のタイトルでもある。

働くことは好きで、定年後も仕事をしたいと感じていたものの、嘱託で働く男性の先輩社員たちはあまり幸せそうには見えなかった。それに、定年後に嘱託になったとしても当時は65歳までしか働けない。結局、その後どのように過ごしていくのかという問題は残る。かといって、長年さまざまな業務についていきて、その場その場では一生懸命やってきたものの、自分にはプロと呼べる専門スキルがないのも事実だ。**対外的なことも会社の看板があったからで、一人になってできることは何もない。**

桂木が定年後の働き方を悩んでいた頃は、1971年に制定された「中高年齢者等の雇用の促進に関する特別措置法」が後に「高年齢者雇用安定法」に名称を変え、何度目かの改正を経て、それまで努力義務だった65歳までの雇用確保が義務化された頃（2006年施行、対象者の限定は可能）だった。

これは、老齢厚生年金の報酬比例部分の支給開始年齢の段階的引き上げに伴い60歳の定年後から年金受給までの間に無収入となる可能性が生じることになるための措置で、企業は雇用する高年齢者に対して①65歳までの定年の引き上げ、②65歳までの継続雇用制度の導入、③定年制度の廃止のいずれかを選択することが求められた。

２００６年6月の厚生労働省発表「改正高齢法に基づく高年齢者雇用確保措置の導入状況について」によると、対象企業（常時雇用する労働者数３００人以上規模の企業）の93・２％が②の65歳までの継続雇用を選択している。これは、継続雇用と言ってもいったん退職した後の雇用のため、大幅に賃金をダウンすることで人件費を抑えることができるからであった。その後、さらに当法律は改正を重ね、２０２１年4月からは、努力義務ではあるが、①70歳までの定年引き上げ、②70歳までの継続雇用制度の導入、③定年制度の廃止のいずれかの選択に変わった。さらに、創業支援等の措置として、④70歳まで継続的に業務委託契約を締結する制度の導入、⑤70歳まで継続的に社会貢献事業に従事できる制度の導入も選択肢に追加された（平井ら２０２０）。

もがき続けた結果得たもの

「動けば何か見つかるかもと、社外にも目を向けさまざまな活動をしました。50代になった頃からですね。それまで自社グループ内しか知らなかったので、他社の方たちとの勉強会に参加したり、自身でイベントを企画したり、小説を書いてみたり、答えを探してもがき続けました。今思えば、これらの活動が今のキャリアに結びついているのですが、当時

は定年後に向けての決定的な答えは見つかりませんでした。」（桂木　2022年4月1日）

桂木は55歳の役職定年の頃、たまたま昭和女子大学の当時学長だった坂東眞理子と出会い、その後、「何かヒントをいただけるのではないか」と、日頃考えていることをメールで相談した。桂木は後に「このメールがなかったら、現在の私はなかっただろうと思います。」と語っているが、坂東からの返事で、同大学の研究員になって研究することを勧められ、その年は募集を締め切っていたので、翌年に会社の上司や人事に許可を取って、仕事の傍ら大学の研究員になった。

研究では、桂木自身が悩んだ定年後のキャリア、「働く女性のセカンドキャリア」をテーマにした。定年後どうしようなどと考え不安を感じているのは自分だけだろうか、他の人はみんな、定年後はゆっくりしたいと思っているのかもしれない。周囲にそういった話題で話す相手がいなかった桂木の純粋な疑問だった。

だが、調査の結果、多くの働く女性たちが桂木と同じように悩み、不安を感じ、誰にも相談できないでいる実態が見えてきた。

一方、会社では、役職定年後に自ら申し出て、自社ではまだ取り組んでいなかったデジタルマーケティングを担当した。ラインの部下はいないものの、一緒に働くスタッフをつけてもらい、初めてのことに手探りで取り組んだ。新しい分野での挑戦はやりがいがあり、楽しい時間であった。しかし、それでも数年後には定年を迎える。桂木は研究に専念したくなり、定年まで2年を残して早期退職を選択した。その後、坂東の「研究したことを社会に活かしていきなさい」という言葉に起業を決意する。

桂木は「もがき続けた」と、自身が語るように50代でさまざまな活動をしている。そして、最終的にはそれらの活動が、定年後のキャリアにつながっていった。着目すべきは社外に目を向けた点である。コンフォートゾーン（居心地の良い場所）から抜け出し、いつもとは違う「場」でいつもとは違う行動をとることで人は成長する。桂木の場合、それが新しい人的ネットワーク構築につながり、最終的には定年後のキャリアに結びついている。

6 残された時間、やりたいことをつらぬく

給料よりも「やりたいこと」

桂木は「決断して本当に良かった」と語っている。「ビジネスとしてはまだまだですが、周囲の方たちに助けられ、なんとかやっています。家族も含めて本当に周囲に恵まれていると感

謝していますす。」と周囲への感謝を口にする。

桂木はある人から、「ホントにいろんな人があなたに協力してくれて、運が良いわね」と言われたことがある。桂木は、「周囲から協力を得られるのも1つの能力だと聞いたことがありますが、だとしたら私の数少ない能力の1つかもしれません。」という。

桂木への周囲からの協力は、**「引き寄せ行動」**によるものとも言える。川内ら（2013）は、ホワイトカラーのキャリアを持つ女性の定年後のキャリア選択における現役時代のキャリアの影響について、「引き寄せ行動」も、その1つとして挙げている。桂木の場合にもこれに当てはまる。

桂木は**起業することの最大のメリットを「自分で仕事の終わりを決められるのがいいですね。」と語った。**もちろん収入のことだけを考えたら、たとえ給料が大幅に減額されたとしても定年後も会社に残った方が良かったかもしれない。だが、桂木の子どもたちはすでに独立し、夫も元気で、贅沢しなければ暮らしに困ることはない。それよりも、**「残された時間、やりたいことをやっていた方が、はるかに幸せ」**だと思う。やりたいことはいろいろある。いくらあっても時間がたりない。1年365日のうち、仕事をしない日はほとんどない状態だが、自由に自分の裁量でできるのは幸せだと感じている。自分だけではなく、自身の仕事が誰かの幸せにつながれば最高だ。もちろん、せっかく時間に縛られない生活になったので、旅行にもあちこち出かけている。「人生を楽しみたいと思っています。」と語る。

変身資産の蓄積

世界的なベストセラーとなった「ライフシフト」（2016）の著者である、ロンドン・ビジネススクールの教授リンダ・グラットンとアンドリュー・スコットは、その著書の中で「長く生産的な人生を築くために、有形の金銭的資産と同じくらい、無形の資産も重要、（中略）良い人生を生きたければ、有形と無形の両方の資産を充実させ、両者のバランスを取り、相乗効果を生み出す必要がある。」（グラットンら 2016 120頁）と述べている。

グラットンら（2016）によれば無形の資産とは、人が仕事で生産性を高めて成功し所得を増やすのに役立つ要素である「生産性資産」、肉体的・精神的な健康と幸福である「活力資産」、そしてグラットンらの言うところの「100年ライフ」を生きる過程で経験する大きな変化、多くの変身に必要な「変身資産」からなる（グラットンら 2016 127頁）。

「変身資産」についてグラットンら（2016）はさらに、「人生の途中で変化と新しいステージへの移行を成功させる意思と能力のこと」（グラットンら 2016 157頁）であり、「変身資産は、移行の不確実性とコストを減らし、成功の確立を高めるために役立つ。」（グラットンら 2016

158頁)、「新しい経験に対して開かれた姿勢こそ、変身資産に活力をもたらす。」(グラットンら2016 161頁)と述べている。

桂木は50代で、「答えを探してもがき続け」さまざまな活動を行っているが、これは結果として「変身資産」を蓄積する活動だったと語った。

「50代でいろいろ活動したのは、今思えばライフシフトの『変身資産』の蓄積に注力していたことになると思います。もともと、いろんなことに興味があって、あれもこれもやってみたいんですよね。要は欲張りなんですけど、とりあえずやり始めてから考えるタイプでしょうか。人様に迷惑をかけることさえしなければいいかなって、ちょっと大変そうでもおもしろそうならやってみようかなって、なんとかなるかなってね、**結局、そうやってやりたいことをやってきたら、今に結びついたって感じですね。**」(桂木 2022年4月1日)

岡田(2013 47頁)によれば、アメリカの教育心理学者ジョン・D・クランボルツは不確実性の高まる時代において予期せぬ出来事がキャリアにもたらす重要性を、「計画された偶発性理論(Planned Happenstance Theory)」として提唱し、キャリアの好機の認識、創造、活用を援助するスキルとして5つの項目を挙げている。それは、新たな学習機会の模索を示す「好奇心

（Curiosity）」、めげない努力を指す「持続性（Persistence）」、態度や状況の変化を示す「柔軟性（Flexibility）」、新たな機会を実現可能と捉える「楽観性（Optimism）」、そして不確実な結果に対する行動を示す「冒険心（Risk Taking）」の5つである。

桂木の行動特性は本人の意識はなかったものの、キャリア好機の創造、活用、あるいは「引き寄せ」に結びつき、「個人のキャリアの8割は予想もしていない偶発的なことで決定される」（田中2019 68頁）、「偶然にもたらされた機会を自らの主体性や努力によってキャリアに生かしていく」（渡辺 2018 129頁）というクランボルツの理論に当てはまっていると言える。

プロティアン・キャリア

アメリカの心理学者ダグラス・T・ホールは変化の激しい現代において社会や環境の変化に応じて柔軟に変わることのできる「変幻自在」なキャリアとして、「プロティアン・キャリア」という概念を提唱した。「プロティアン」とはギリシャ神話に出てくる、思いのままに姿を変える神「プロテウス」に由来するもので、環境の変化に応じて変幻自在に適応するキャリアの姿がプロティアン・キャリアである。プロティアン・キャリアでは、新しい環境に合わせて、自らを変化させることが求められる。

ホールは、さらに、プロティアン・キャリアのメタコンピテンシーの1つとして[8]「アイデンティティ」を挙げている。「アイデンティティ」はアメリカの発達心理学者エリック・H・エリクソンによって提唱された概念であるが、ホールはさらに、「サブ・アイデンティティ」という概念を取り上げ、アイデンティティの一部として位置づけている。

人は社会の中で多様な役割を担っているが、これらの役割期待に呼応する「自己認知」がサブ・アイデンティティである（渡辺 2018 173頁）。これは、アメリカの教育学者ドナルド・E・スーパーがライフ－キャリア・レインボーで示した「ロール」と同様の意味合いで、ホールによれば「アイデンティティ」には複数のサブ・アイデンティティが存在している。

女性たちはさまざまな環境の中で、ある時は周囲から強要されて、ある時は自ら望んで、その状況に対応してきた。対応せざるを得ない場合も多かった。「組織のメンバー」、「母親」、「管理職」など、自身の保有する複数のサブ・アイデンティティの間で葛藤を繰り返し、悩みながらも、働き続けてきた。

これまでのキャリアと定年後

女性たちは皆、いろいろ苦労はあったが最終的には自分のキャリアに後悔はなく、これまでのキャリアを振り返って、苦労を乗り越えてきたことを肯定的に捉えている。女性たちは退職に際して、やり切った「満足感」、「解放感」を挙げている。

「すっきりしました。本当は再雇用でやりたいことがあったんですが、それができないってわかった時に自分の気持ちは決まったので、（退職の日が）早く来ないかなって、**すごくスッキリして、もうスパッと、気持ちを残すことなく退職できたっていうのと、あとは家族への感謝の思いがすごくありました。**」（黒川　２０２２年８月12日）

子育て経験のある女性たちは、子育てが糧になった、子育てはマイナス要因だけではないと、育児と仕事との両立で苦労したことも含めて、良かったと振り返る。

二人の子育てに奮闘した小宮は、当時のことは忙しすぎてほとんど覚えていない。自転車の前と後ろに子どもを乗せて保育園の送り迎えをしたこと、下の子が学校に行かなくなってすごく心配したこと、その後、中学に入ってからは元気に学校に行くようになって、ちゃんと大学も出て社会人になってホットしたこと、など子育てにはいろいろあった。周りで良いこと悪いこと言われることもあっただろうが、幸い、耳には入ってこなかった。「まあ、やりたいようにやらせてもらってきたのかな」と思う。

製造業で課長を務めた田上葉子も、昔は「こんな小さな子どもを置いて」と母に凄くせめられ、負い目を感じたこともある。だが、今は、**「子どもの自立は早いし、家事は息子も娘もしっかりでき、世の中の厳しさも知っているので自分から勉強するし、良いことだらけだったなと思って、周りの人たちにも言ってます。」**と語る。

黒川も子育てはマイナス要因だけではないと語った。

「家事や育児をしながら働き続けたっていうことも自分の糧になったと思うんですね、例えば保育園にお迎えに行かないといけないから仕事を時間内に終わらせるように頑張るとか、いつ熱が出ましたって保育園からお呼びが掛かるかわからないのでできる時にやっておく、とかっていう**段取り力とか、そういうのは家事や育児を経験しているからこそ身に付けられたものだと思います。**子育てにマイナスのイメージを持っている若い人たちもいるけれど、実は**自分の視点を広げるとか、視座が、自分が見えてた目線が違う目線で見えるということもあって、**1つのチャレンジじゃないかなと思うので飛び込んでほしいなあと思いますね。私が子育てしていた時よりもいろんなことが複雑でコロナのようなことが起きたり、予想外のことがあって大変かと思うんですけど、そういう中から、自分が生きていく新たな発見があると思うのでチャレンジしてほしいなと思います。」（黒川　２０２２年

4月23日）

自分のキャリアを振り返り、人生の残された時間を考えた時、今後も「働く」という選択は彼女たちからなくなることはなかった。もちろん、人によって望む働き方はそれぞれである。

小宮が定年後のセカンドキャリアを意識したのは、ちょうど役職定年になるかならないかぐらいの時だった。当時は人材開発部門に所属し、講座を企画して講師としてセッションを実施していたので、定年後には、そういうことを週に1、2回ぐらいやりつつ、あとは趣味をやることを夢見ていた。

秋本はもっと早く、40代から定年のことを意識していた。下の子が生まれたのが40手前で、秋本が定年の頃に大学を卒業する。経済的なことを考えても辞めずにこのまま行った方がいいだろうと当然思った。待遇は悪くなかった。環境面ではそこそこ恵まれていた部分もあったので、あまり他社に移るメリットも感じない。定年まではここにいようと、40過ぎてからは「定年」を目指した。「（定年後も働こうと思ったのは）まぁ時代背景というかやっぱりそういう部分もあるし、もうちょっと働けるかなぁっていうのがあったからですかね」と語る。

牧瀬は「現職の外の世界を知らないので、なにか未知の、自分が今以上に役に立てる場面、生き生きする場面があるかもしれない。」と、定年後、新しい世界で働き、社会に貢献できる可能性を意識した。

註

（1）武庫川女子大学教育研究所「女子大学統計・大学基礎統計」表13「4年制大学への進学率と18歳人口の推移」より。
（2）就業率：15歳以上人口に占める就業者の割合（出所：総務省［2021］「労働力調査」）ここでは各年代女性の、それぞれの人口に占める就業者の割合を表示している。
（3）LGBTQ：レズビアン（Lesbian）、ゲイ（Gay）、バイセクシュアル（Bisexual）、トランスジェンダー（Transgender）、クエスチョニング（Questioning）の頭文字をとったもので、性的マイノリティを表す総称。
（4）アンコンシャス・バイアス（無意識の偏見）：過去の経験や習慣、環境から生じる自分自身が気づかずに持つ偏ったものの見方や考え方、根拠のない思い込み。
（5）出典注釈より抜粋。
（6）@DIME記事より（2019年9月21日付け）。
（7）1976年に新潮社から出版された小説、のちにこのタイトルは流行語にもなった。
（8）コンピテンシー（competency）：職務で一貫して高い業績や成果を出している人の行動特性や学習能力。メタコンピテンシーの「メタ」とは、自ら認識していることを客観的に認知する「メタ認知」のことであり、メタコンピテンシーは、変化に対応して自ら学習して新たな能力を得る能力や行動特性を指す。

第2章 女性管理職として

1 そもそも、管理職になりたいとは思わなかった

考えたこともなかった管理職

本書に登場する女性管理職たちは、早い人は20代後半から、遅い人で40代後半に企業におけるマネージメント的立場としての管理職になっている。そもそも、彼女たちは管理職になることを望んでいたのだろうか？

そう問いかけると、彼女たちから返ってくる答えは似通っている。印象的な言葉を取り上げてみよう。製造業で部長だった牧瀬智恵は「**管理職というものに意味や価値があると考えたこ**

ともなかったです。管理職になるのはあまり嬉しくはなかったです。やりたくないが本音でした。プレイヤーの仕事の方が好きなのでマネージメントは誰かがやってくれたらと思っていました。」と振り返る。

情報通信企業で部長職を務めた山田香も「立場の上って私はまったく興味がないというか逆に嫌だった。」と語り、職位上の上は望んでいなかったと、一度は管理職の打診を断っている。同じく情報通信企業で部長職だった小宮遼子も、管理職打診の話に驚いたと語った。

「管理職になるとかなりたいとかってそういうのを考えもしなかったので、「えっ」ってすごく思いました。…その当時45過ぎたら結構遅いほうなんですよね、課長になるのが。これを逃したら二度とチャンスはないよねっていうところと、反対に遅すぎないかなっていう心配もあったんですが、せっかくのお話だしちょっと頑張ってみようかなって…まあちょっとチャンスにトライしてみようかなっていうぐらいの感覚でした。（管理職試験に）受かってもちょっと自信はなかったですね。やっていけるのかなって…」（小宮 2022年6月9日）

彼女たちは、最初から垂直方向のキャリア形成を志向したわけではなく、多くが管理職にはなりたくなかったと語った。仕事を続けて行くうちに仕事の面白さに気づき、段々と仕事にのめり込んでいった結果、管理職という立場に抜擢され、驚いている。

我が国における管理職に占める女性の割合は著しく低い[1]。政府は2003年に「社会のあらゆる分野において、2020年までに指導的地位に女性が占める割合を少なくとも30％程度にする」という数値目標を掲げた。

この目標は「2030（ニーマルサンマル）」と呼ばれ、これを達成するために内閣府男女共同参画局（2003）ではポジティブ・アクション[2]を推進し、関係機関への情報提供や働きかけを行った。

しかし、取り組みは進まず、その後、2015年の女性活躍推進法（2016年施行）の中で行動計画策定や公表の義務付け、表彰制度や認定制度などの策が講じられた。結局、最終的にはこの目標は現実的に不可能と判断され、2020年12月に閣議決定された第5次男女共同参画基本計画では、「2020年代の可能な限り早期に指導的地位に占める女性の割合が30％程度となるよう目指して取り組みを進める。」と下方修正された。実際、内閣府男女共同参画局（2022）の「令和4年版男女共同参画白書」によると、管理的職業従事者に占める女性の割合は13・2％といまだ低い水準にあり、国際比較においても顕著に低い（図2-1）。

図2-1 諸外国の就業者および管理的職業従事者に占める女性の割合

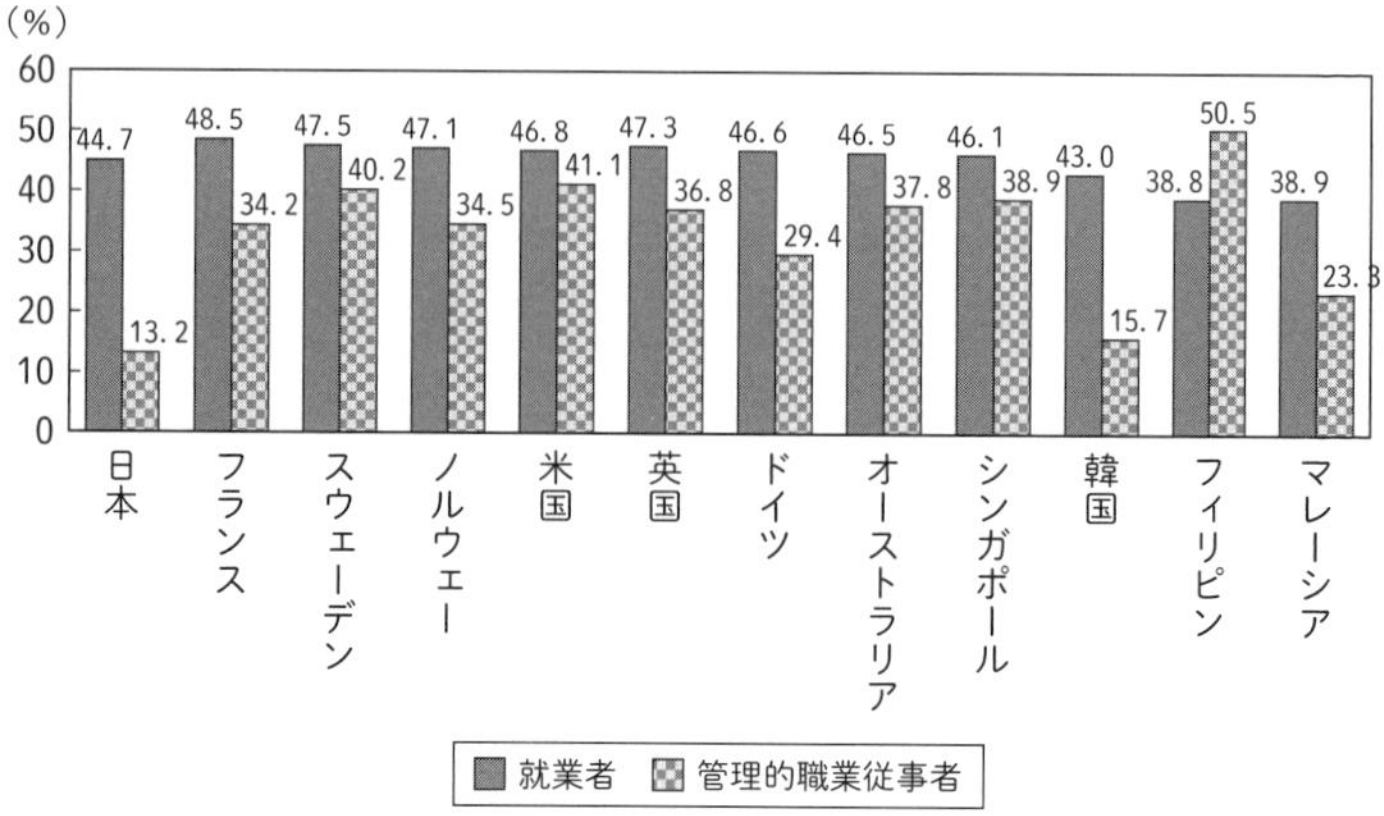

（備考）1．総務省「労働力調査（基本集計）」（令和3（2021）年）、その他の国はILO“ILOSTAT”より作成。
2．日本は令和3（2021）年、米国、韓国は令和2（2020）年、オーストラリアは平成30（2018）年、その他の国は令和元（2019）年の値。
3．総務省「労働力調査」では、「管理的職業従事者」とは、就業者のうち、会社役員、企業の課長相当職以上、管理的公務員等。また、「管理的職業従事者」の定義は国によって異なる。

出所：内閣府男女共同参画局（2022）「令和4年版男女共同参画白書」

やりたいことを実現するためのポジション

女性たちの多くが管理職を希望したわけではないと語る中、外資系金融企業で部長を務めた中野美枝はまだ役職に就く前、プロジェクトリーダーとしてチームを率いた時に**「自分一人でやっていくよりも、大きな仕事で自分がすべてやるんじゃなくても大きな成果が出せるのって面白いな」**と感じ、管理職になりたいと思うようになったという。サービス業で主幹を務めた秋本由希も、プロジェクト型の業務スタイルで裁量権がある仕事を任され、肩書きにはそんなにこだわらなかったが、それでもマネージャーくらいまではと思っていたという。

思いがけず管理職に抜擢されて、戸惑っていた女性たちの中にも、管理職として仕事をしていく中で、自分のやりたいことを実現するためにはある程度のポジションが必要だと徐々に垂直方向のキャリアを志向していった人もいる。

「**出世したいってことではなくて自分がやりたいことをやるためには、やっぱりある程度自分で決断できるポジションに行かないとやれないっていうのがあったので、部長まではぜったい行きたいと思ったんですよね。**（中略）仕事を続けていくにあたってはある程度のところまでいかないと、今まで、性差別じゃないけれどもそういうのを受けた身としても、違う風土にしていくためにはある程度のポジションまで上がって風土を変えていくようにしたいと思って、下から変えるのはなかなか難しいのである程度のとこまで行って変えていくのが必要だと、とにかく部長にはなりたいと思ってました。」（黒川　２０２２年４月23日）

女性は男性に比べて一般的に昇進意欲が低いと言われる。女性の垂直的キャリア形成に関しての先行研究を分析した中村（２０２０）は、「『昇進意欲』とは学術的に明確な定義はないものの、多くの論文において垂直方向に拡がるキャリアに対して感じる魅力とコストによって動機づけられる欲求で、思い描く垂直的キャリアをどの程度達成することを望むかという希望の度合いを昇進意欲として取り扱っていることが明らかとなった」（中村 2020 65頁）と述べ、男女平等な処遇や機会を希望する女性は昇進意欲が高いと指摘している。メディア業界で部長を務めた黒川碧の、「自分がやりたいことをやるためには、やっぱりある程度自分で決断できるポジションに行かないとやれない。」、「性差別じゃないけれどもそういうのを受けた身としても、違う風土にしていくためにはある程度のポジションまで上がって風土を変えていくようにしたい。」という語りがまさにそれを裏付けている。

だが、内閣府男女共同参画局（2022）「令和4年版男女共同参画白書」によると、2021年の民間企業の役職者に占める女性の割合は、係長相当職が20・7%、課長相当職は12・4%、部長相当職では7・7%である。係長クラスは均等法直後の1989年から比べると約4・5倍に増えており、上位の役職も長期的には上昇傾向にあると言えるが、それでも全体としては低い水準にとどまっている（図2-2）。

中村（2020）はさらに、自分が昇進することによって後輩のために人事上の道をつくることや、自分の管理職としての働き方を提示したりすることが、昇進を動機づけるための1つの理由となっている可能性があるとも指摘している。

図2-2 民間企業の雇用者の各役職段階に占める女性の割合の推移

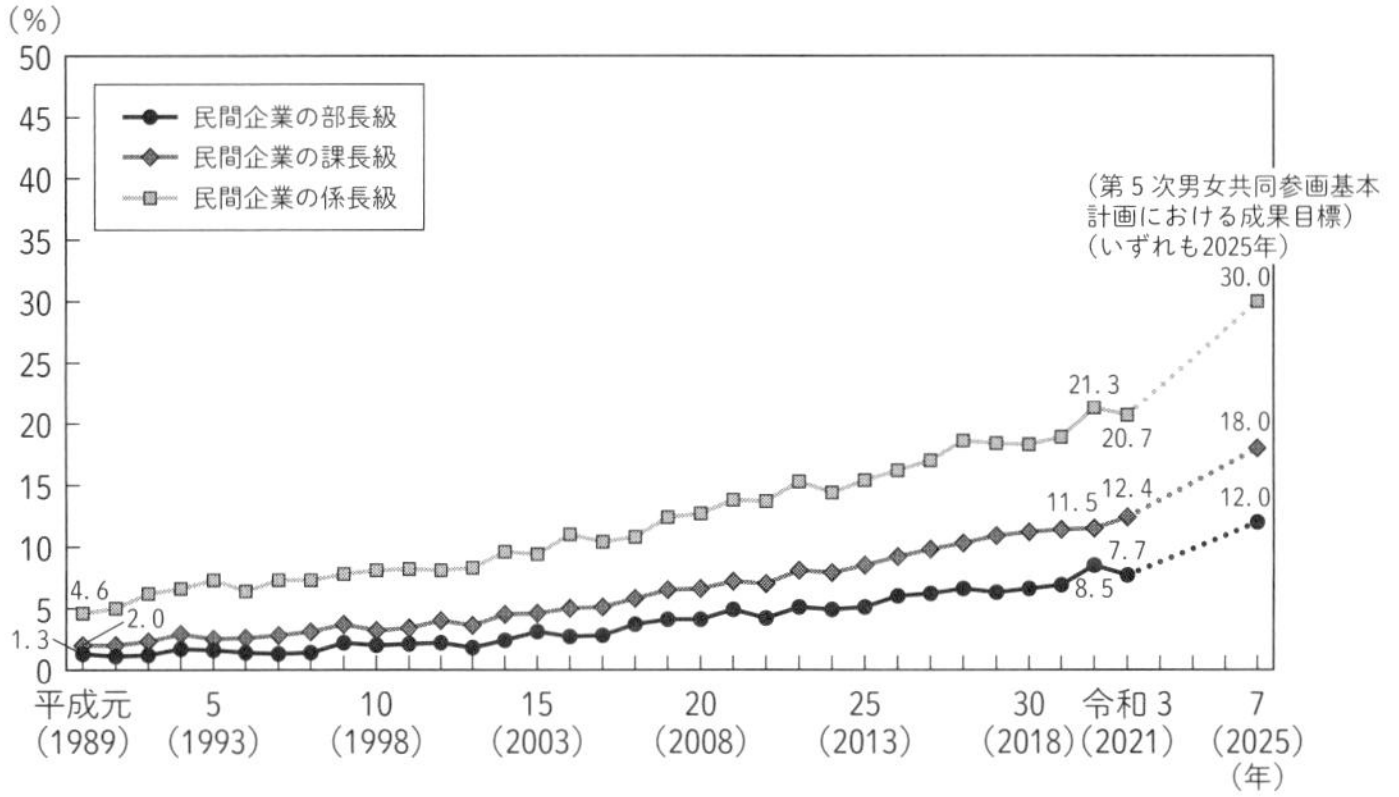

（備考）１．厚生労働省「賃金構造基本統計調査」より作成。
２．令和２（2020）年から、役職者は、10人以上の常用労働者を雇用する企業を集計対象とするよう変更しているが、令和元（2019）年以前の企業規模区分（100人以上の常用労働者を雇用する企業）と比較可能となるよう、同様の企業規模区分の数値により算出した。
３．常用労働者の定義は、平成29（2017）年以前は、「期間を定めずに雇われている労働者」、「１か月を超える期間を定めて雇われている労働者」及び「日々又は１か月以内の期間を定めて雇われている者のうち４月及び５月に雇われた日数がそれぞれ18日以上の労働者」。平成30（2018）年以降は、「期間を定めずに雇われている労働者」及び「１か月以上の期間を定めて雇われている労働者」。
４．令和２（2020）年から推計方法が変更されている。
５．「賃金構造基本統計調査」は、統計法に基づき総務大臣が承認した調査計画と異なる取り扱いをしていたところ、平成31（2019）年１月30日の総務省統計委員会において、「十分な情報提供があれば、結果数値はおおむねの妥当性を確認できる可能性は高い」との指摘がなされており、一定の留保がついていることに留意する必要がある。

出所：内閣府男女共同参画局（2022）「令和４年版男女共同参画白書」

黒川は、「初の女性人事部長だったので期待もある一方、女にさせられるかと言うような人も経営人の中にはいたと聞いていたので、**私がこけるとたぶんまた女性の人事部長とか生まれなくなるかなぁと思っていました。」と、後に続く女性たちのためにも頑張らなければ**という思いで仕事をしてきた。こういう女性はこの世代には多い。

情報通信企業で部長を務めた桂木恭子も、自身の失敗が後に続く女性のキャリアに影響するのではないかということを心配した。

現在、女性管理職を増やすことが企業の数値目標の1つとなり、企業はさまざまな施策を施している。だが、その一方で、桂木たちが若い頃にそうであったように、企業の思惑とは裏腹に管理職になりたくない女性たちも多い。ある民間企業の調査(3)によると20～30代の正社員・総合職の女性では、管理職・マネージャーになりたくないと答えた人は、「あまりなりたくない」が30％、「なりたいと思わない」が38％、計68％で、7割弱が管理職になることに否定的な回答となっている。

これは男性の、「あまりなりたくない」が24％、「なりたいと思わない」が18％、計42％と比較すると20ポイント以上高い。その理由については、「責任が重くなるのが嫌だから」、「仕事よりも趣味やプライベートを大切にしたいから」といった声が4割前後にあがっている。均等法第一世代の女性管理職たちが、後に続く女性たちのためにもと苦労してきた姿が、「大変そう、あんなふうにはなりたくない」と若い女性たちに映っていたとしたら皮肉である。

当時は女性管理職への風当たりも強かった。小宮は管理職になった当時、「**女だから課長にしてもらったんじゃないの**」**という心ないセリフを**、直接ではないけど、間接的に耳にしている。同じく情報通信企業で部長を務めた笠原祥子も、初の女性管理職になった時に、男性のやっかみが聞こえてきたという。

「男女差別ははっきり言ってありました。『女のくせに』とか、『女性の管理職ですか～』とか、男性管理職のやっかみもありました。『教えて下さい』ってお願いしても、『教えないよ！』って言われたこともあります。女性で管理職になったのは私が初めてだったんですよね。だから逆に**そういうやっかみもあったのかなと思いますね。まだまだ男性社会で『女が管理職になるのかよ』みたいなことを言われて。**当時の時代背景も大きかったと思います。」（笠原 2022年11月28日）

大内（2012）は、均等法第一世代を「男性社会に入っていったパイオニア」（大内 2012 107頁）、均等法成立から10年後に入社した第二世代を「パイオニアの背中を見ながら、パイオニアの踏みならした道を歩むことのできたセカンドランナー」（大内 2012 107頁）として、両世代の総合職・基幹職女性[4]のキャリア形成を比較調査[5]している。その結果、初期キャリアにおいては「驚くほどに同じ現象が見られる。（中略）（会社によっては第二世代であっても）均等法世代と同様にパイオニア的存在となっている。」（大内 2012 117頁）と述べている。これは、企業の中の「男女平等」の動きの遅さを物語っている。

だが、この調査は、第1章の**図1－4**で見たとおり民間企業の調査で「管理職になりたくない」と回答している30代の女性たちが20代であった以前の調査であり、その後、2008年のワークライフバランス元年、2015年の「女性活躍推進法」を経て、少しずつではあるが働く女性たちを取り巻く環境は変わってきている。

女性管理職たちは、均等法第一世代として、大内（2012）の言葉を借りれば「パイオニア」としてたしかに苦労してはきたが、工夫をしながらキャリアを形成してきた。そこには真摯に仕事に向き合う、しなやかさと、したたかな強さも感じられる。

2　女性管理職としての仕事

マネージャーの役割

カナダの経営学者ヘンリー・ミンツバーグ（1973）はマネージャーを1つの組織単位を公式的に預かる人と定義し、その仕事を10の役割に分類し、さらにそれらを次の3つの活動に大別している。①対人関係に関連するもの（フィギュア・ヘッド[6]、連結〔リエゾン〕、リーダー）、②情報伝達を扱うもの（モニター、周知伝達役、スポークスマン）③本質的に意思決定にかかわるもの（企業家、障害処理者、資源配分者、交渉者）である。ミンツバーグ（1973）によれば、これらの役割はそれぞれが孤立した存在ではなく、統合化（ゲシュタルト）され、マネージャーの役割として全体を形成している。

すなわち、権限と地位が対人関係を構築すると、これがインプット(情報)をもたらし、それは順にアウトプット(情報と意思決定)を生む。フィギュア・ヘッドの役割は、「自分の組織を代表するという任務」とされているが、均等法世代の女性管理職は女性であるというだけで、最初は代表者として認知してもらえないという苦労があった。そのため、相手に「代表者」として認めさせる努力が男性以上に求められた。

特に商談などの場面では、たとえ女性が年上であったとしても、男性の方が上司と思われることも多かった。あるいは、相手が女性だと思うと馬鹿にするような男性も当時は多かった。黒川はそういう**相手に自分の実力を認めさせるための努力を意識的に積んできた。**

「社外の方とか取引先の方とかに男性の担当者と一緒に会いに行った時に、男性の方が上司だと思われて名刺を出して初めて私の方が部長だったんだって、ちょっと小馬鹿にしたような取引先の人がいて、だいたいそういうような人が多かったので、会う前に、**とにかく知らないいっていうことがないように、すごく勉強して専門的な用語とか、向こうが何か言っても「あーそれはこうですよねー」と返せるように、認めさせるっていうようなことをしてました。**これはちょっと女性ならではの苦労だったのかなあと思いますね。」(黒川

2022年4月23日）

女性だということでなめられないためにその分野の勉強をして相手に認めさせたという黒川の努力は、ミンツバーグ（1973）の、フィギュア・ヘッドとしての役割遂行のための努力と言える。

また、男社会のいわゆる「たばこ部屋」[7]的なインフォーマルな情報交換の場や、オールド・ボーイズ・ネットワーク[8]と呼ばれる非公式の人的ネットワークの外部にいる女性の場合、暗黙のルールや非公式の情報を知り得る機会が少なく、リエゾンとしての役割を果たす事が男性と比べて不利であった。

紅一点の会議の席で、中野は他の男性管理職に対するのとは違う扱いを受けている。「最初は何ていうか冷たい目で見られ、強く言い過ぎるとこの女性ってすごい気が強いみたいに思われて、ちょっと弱めに言うと女性だから弱いみたいに判断されるのを当初感じました。」と、女性ならではの苦労を語った。山田も、他の同時期に昇格した男性管理職と明らかに扱いが異なっていて、会議に出ても話を聞いてもらえなかった。順番に意見を聞いていって、「時間がないから山田さんはいいよね」と飛ばそうとされ、自分の意見を先入観なしに聞いてもらうまでとても苦労したと当時を振り返る。男性たちが、わざと意地悪をしたわけではなかったかもしれない。だが、**男社会のインフォーマルな人的ネットワークに入れずにいた女性管理職たちは、当初、異分子扱いされていた。**彼女たちが会議の席で感じたものは、異分子としてその場に存在した居心地の悪さである。

そしてこれは、単に居心地が悪いだけでなく、リエゾンとしてのマネージャーの役割を果たすのにも支障をきたす。ミンツバーグ（1973）は、マネージャーがリエゾン役を遂行できなければ外部情報へのアクセスを失い、良い情報を発信することもできなければ、効果的な意思決定もできなくなると指摘している。

工夫と努力

女性たちは、管理職としての仕事を遂行するために、それぞれさまざまな工夫をこらし、努力してきた。牧瀬は仕事を続けるうえで**専門性を磨き続ける努力が必要だと、隙間時間を見つけて論文や最新トピックの情報収集を欠かさなかった。**

山田は、何かを達成しようとした時に、こういう理由でこれをやるべきだと、理詰めで向かうのではなく、多くの人の意見を聞きながら周囲を巻き込み、自身の意見を通すために説得をしながら前へ進めてきたと語った。「そんなの勝手に決めればいいいんだよ」と言われたこともあったが、**「自信がない部分をみんなの意見を聞くことで埋め、最終的には関わってもらうことになって、関わってもらったことで協力を得られた」**と、自分の弱点を埋めるための工夫だったという。ただ、そのために、何かを進めるのにとても時間がかかってしまったとも振り返る。

多くの人を巻き込みながら協力者を得て物事を進めていくやり方は、山田のように「弱点」を補うためだけではない。中野も同様に周囲を巻き込むことを意識している。**一人でやれることは限られているので、誰がどのようなことに協力してくれるかを考え、どれだけ人を関与させるか、インボルブしてもらうかに気を配った。**

渡辺（2018）は、「学習とは『新しい行動を獲得したり、行動を変化させること』である。人は従来の行動を変化させたり、新しい行動を獲得することによって、変化し続ける環境に適応していくことができる、と考えられている。」（渡辺 2018 147頁）と述べているが、中野は人を巻き込んでいくことで、一人ではできない大きな仕事が実現できるということを経験の中で学習し、意識して行動してきた。**女性管理職の場合、男性のように力づくで人に何かをさせるというよりも、多くの協力者を得ていくという方が得意なのかもしれない。**山田も「女性だから得したこともあって、この人ダメだからって思われていたからか、いろんな人に助けてもらったっていうのもあるかなあ」と振り返る。

小宮の場合は**「断らない」ということを心がけてきて、それが結果として良かった**と思っている。上司が新しい仕事を持ってきた時も断らずに取り組んだ。小宮だけでなく上司本人にもどうなるかわからない、誰もわからない状態で、「とにかくやってみるから」と言われ、難易度もわからず手探りで始めた業務だった。断ろうと思えば断れたが、せっかく声をかけてくれたのでと取り組んだことが、結果として後の仕事につながった。新しいことをやりたかったということもあるが、勉強もさせてもらっていろんな人と繋がることができ、本当にやって良かったと語った。

勤務先の会社で初の女性管理職となった笠原は、「女性、男性関係ないのに」と自身が「女性管理職」として見られることに違和感を覚えていた。周囲の男性たちからのやっかみの声が聞こえる中、笠原は、**自ら積極的に複数のメンター**[9]**を見つけ、結果を出すためのアドバイスを受けている。**社外の経営コンサルタントからは、「企業に提案するには、会社全体から考えて、会社の方針や経営状況などを前提としてちゃんと分析して、戦略とか戦術とかに落としていく」ということを学んだ。「これまで自分が30代ぐらいでやってきたものが、すごく狭いなって、見る視点や視座が全然違って、目からうろこが落ちるような感じだった。」と振り返る。当時、特に女性は通常業務の中で、経営的視座で物事を考えていくという訓練を受ける機会はほとんどなかった。

逆に、管理職として必要なさまざまなマネージメント業務の中で、特に、「タイムマネージメント」や「リスクマネージメント」は、男性に比べて家庭での役割の大きかった女性たちの場合、家庭と仕事の両立のため、自然にスキルとして身につけていった。

外資金融から国内製造業に移って部長を務めた坂下弥生は、管理職として自身の仕事は把握できていてある程度コントロールできたが、自由にならない時期もあり、そんな時は、**前々からタイムマネージメントやリスクマネージメントを心がけた**という。子どもになるべく風邪をひかせないように注意し、「お母さん、絶対今風邪引かないでね」と、手伝ってくれる自身の親の健康にも気を使った。

小宮も、保育園からいつお迎えの呼び出しがかかっても職場に迷惑をかけないように、日頃から意識した。

「やっぱりね、いつ子どもが熱出すかわからないので、しっかり申し送りをするじゃないけど、どこに何があるかとかいうのはきちんと伝えるようにしていたかな。」（小宮　2022年6月9日）

まさに、日々、リスクマネージメントの実践だった。

さらに、管理職としての経験から他にも身につけたビジネススキルとして、中野は管理職経験を通じたリーダーシップ能力を上げる。1つのチームをまとめていくリーダーシップとコミュニケーション能力。海外のやり取りで培った、理解して説明しながら、合意形成していく力。さらに、ファシリテーションやプレゼンテーション能力は磨かれた。

3 仕事で認められるために

男性同様のハードワーク

地方の古い体質の企業の中で長年勤務してきた黒川は、インタビューの冒頭で嫌なことは忘れたと口にした。坂下も、苦労したことはいっぱいあると思うがあまり思い出せないと言う。辛いこと、嫌なことを引きずらないのが、長年の勤務を可能にした秘訣なのかもしれない。

「回復力」や「しなやかさ」を意味するレジリエンス(resilience)は、もとは物体の弾性を表現する時に使われていた単語だが、近年は、「心の回復力」として注目されている。ストレスが多い社会で「心が折れてしまう」ことのないように、逆境への耐性を強める方法の1つとして、曲げられた竹がしなってもとへ戻るように、失敗したことや、嫌なことを引きずらないことが大事だと言われている。男社会の中で苦労して働き続けてきた女性管理職たちはレジリエンスが高いのかもしれない。いや、それは、長年の勤務の中で身に付けていったものだろう。

男社会の中、多くの女性たちが男性同様のハードワークをこなしてきた。均等法の施行により男女平等になったのはいいが、女性だけに禁止されていた規制が撤廃され、女性たちにも長時間労働を許すことになった。男性と同等に働き、成果を出すために、女性たちはハードワークをこなすことになる。人事の仕事と兼務で自身が企画、提案した仕事上、海外との交渉が必要だった黒川は身体を壊すところまでいってしまった。

「東欧の国って時差の関係で夜中がこちらの昼間になるんですよね、向こうの国との渉外はすべて夜中にやるんですが、人事部の仕事と兼任していたので昼間は人事の仕事をやって夜は対外交渉って、早朝4時ぐらいまで会社で仕事してから帰って2時間ぐらい寝て、また仕事に行くみたいな暮らしを4年ぐらいやりましたね、もうボロボロでした。」(黒川 2022年4月23日)

黒川が入社したのは、均等法の直前で、入社後しばらくして均等法が施行された。雇用の分野における男女の均等な機会及び待遇の確保を目的に制定された「男女雇用機会均等法」だったが、一方で当時は「24時間戦えますか？」というコマーシャル(10)に象徴されるように猛烈に働くことが良しとされていた時代でもある。

秋本も長時間労働が当たり前だったという。仕事が面白かったということもあり、長時間労働の日々だった。「**ある意味、男性と同じ以上に働かないとっていう意識は自分の中にすごくあったかなっていうのは思いますね。子どもが生まれてもなるべくそれをハンデとしないようにっていう**のを逆に考えてしまっていた部分はすごくあったかもしれない」と、男性と同じ、あるいはそれ以上働いた。

小宮は男性だけでなく子どもを持たない女性も意識して、「（子どもがいない人と）**同じように働かなきゃいけないって思っていた**」と、長時間労働をこなしてきた。新潟のクライアントを訪問する時には、朝4時に起きて家のことを全部用意して、6時ぐらいに家を出て、帰宅は夜9時、10時になる生活を週に一度、半年間ほど続けたこともあった。

中野も同様に身体を壊しかけている。「キャリア形成の時、自分でコントロールできない仕事とかもあったので、けっこう遅くまで働いていました。本当に何してるんだろうって思った時期もありますね。夜11時とか終電の時もありましたし、人が減って自分がやらなくちゃいけなくなったりした時もあったので、ちょっと身体を壊し気味というか、そういう時もありましたね。」と語る。

長時間労働と昇進の関係を検証した山本（2019）は、「女性に関しては長時間労働が仕事へのコミットメントのシグナルとして企業で活用されている」（山本 2019 31頁）と述べ、山口（2014）も「男性以上に女性に対して長時間労働が管理職要件となっている。」（山口 2014 32頁）と指摘している。仕事へのコミットメントシグナルとして企業が長時間労働を捉え、特に女性の昇進の判断基準にそれをおいていた事実は、当時はたしかにあったであろう。極端に言えば「踏み絵」である。

だが、女性たち自身にその意図はなく、自己をアピールするためのシグナルとして積極的に長時間労働をしてきたわけではない。彼女たちが睡眠時間を削り、ハードワークをこなしてきた背景には、大きく3つの要素がある。1つは責任感である。与えられた職務をまっとうするため、人手不足で例え長時間労働をせざるを得ない状況でも自分がやらなければという姿勢。2つ目は女性であること、母親であることを言い訳にしたくないという点。女性でも男性と同じように、子どもがいても居ない人と同じように結果を出すことを自分に課している。そして3つ目には、やはり仕事が面白かったということである。

感情のコントロール（自己防衛としての感情労働）

「とにかく（女は）ヒステリックになるとか、感情的になるとかいうことが男性のイメージの中にはあったので、頭にくるようなことは、当然あるんですけど、とにかく冷静沈着、声を低く、みたいなことを自分としては心がけていました。それと、**絶対に泣かない、涙を見せない、職場で絶対に泣かないって、女性の後輩たちにも『泣いたら負けだよ』ってずっと言ってきました。**特にこういう男社会の会社の中で涙を見せたら『ほーらやっぱり女は泣いて』となるので、悔しくても絶対職場で泣くなという話をし、自分も一度も泣いたことはないです。（中略）トイレで泣いたことはあります。家に帰ってから泣いたこともあるけれど、とにかく職場の中では絶対に涙を見せないと決めてやってきました。」（黒川2022年4月23日）

石川（2016）によれば、アメリカの社会学者アーリー・ラッセル・ホックシールドは客室乗務員などへのインタビューから、「感情もまた社会的なものであり、感情とその表現に関する規則により内面的にまた相互作用の中で制御されるもの（石川 2016 36頁）」であることを証明し、接客業では自身の感情をコントロールすることが、肉体労働や頭脳労働と並ぶ概念である「感情労働」として求められると提唱した。

さらに、「感情規則に照らすことで、感情には正しい感情と正しくない感情という評価が与えられ（中略）人々はいまいる場において自分や他者が従わなければならないと信じる感情規則に基づいて自分と他者の感情を評価する。（中略）感情規則からの逸脱を自覚した人々は概してその修正に努める」（石川　２０１６　36〜37頁）と考え、この修正を「感情管理」と呼んだ。

その後、接客業だけでなく看護師などの「援助職」にも感情労働が求められていることが研究された。接客業や援助業は、友人や家族のような親しい人であるかのような感情労働が求められるが、これら業務の感情労働を石川（２０１６）は、「ない感情をつくり出す」という感情労働であるとし、これらに対してコールセンターなどの苦情や問題解決要求の受付業務では、「あってはいけない負の感情を静めつつ、あるべき正の感情をつくり出すという感情労働が求められる。」（石川　２０１６　38頁）と述べている。

黒川の「職場では涙を見せない」という行動は、石川（２０１６）のいう「あってはいけない負の感情を静める」コールセンターの感情労働と同様の「感情消去」にあたる。石川（２０１６）はまた、「ある種の感情消去こそが看護労働の職能の高さを保証する」という武井（２００１）の言葉を紹介している（石川　２０１６　37頁）が、これは当時の企業等で働く女性たちにも言えるのではないだろうか。

昨今は、パワーハラスメントが問題視され、アンガーマネージメントなど男女にかかわらず感情のコントロールを求められるが、当時はどちらかと言えば男性よりも女性というジェンダーに感情労働を強いる傾向が強かった。本来、感情労働は労働者を雇用している組織が業務遂行のために積極的に労働者に求める労働の1つである。

しかし、黒川がとった行動は組織から求められてのものではない。組織という公的領域における感情規則に照らし、「仕事の場で泣く」という、不適切な感情を表わさない義務はたしかに組織が労働者に求めるものであろう。だが、黒川にとっては「組織から求められた労働」というよりは、**「周囲（特に男性）に弱さを見せず、自己を貶める機会を与えない」という「自己防衛」と考える方が合理的である。無意識の戦略とも言える。**

思ったことを口にしない

もう1つ注目すべき「自己防衛」は、**自分の意見をあまり声高に主張しなかった、本当は言いたいけれど自分を主張できなかったという点である。これも無意識の自己防衛だった。**小宮は「（周りに合わせるために自分を押し殺してきたみたいなことは）多分にあるかな」と、自分の中では違う意見を持っていても、それを主張せず、上を立ててしまうこともあったと語る。あまりジェンダーを気にしているつもりはなかったという山田も、自分の意見を言うことに慎重だった。

「私の世代の多分特徴で、私、その最たる人だと思うんですけど、やっぱり女性は（意見を）言っちゃいけないとか、女性の私が言う意見は受け入れられない、受け入れられる意見を言わなきゃいけないと思って…正しいことを探しちゃって発言ができないっていうのもあったかなと思うし、**何を期待されていて、その期待に応えるためにどうなのかとかそんなこと考えちゃうと発言できなくって…**あとは、上手く話が進んでる時に何か言っちゃうとその流れが変わっちゃうなとか、そういうことをね、すごく考えて会議とかに参加してましたね。怖いっていうのも有ったんだと思います。」（山田 ２０２２年６月３日）

山田は周囲の期待を意識して間違ったことを言ってしまうことを恐れ、あえて自分の意見を主張しなかった。牧瀬も「意思決定権のある人たちの地雷がどこにあるか情報源がなく、わからなかった」と語る。『見ざる、聞かざる、言わざる』の暗黙の了解ラインが、どのあたりか読めず苦労したという牧瀬は、「たぶん、外した頻度は高かったと思いますが、どう外したかすら自分ではわかりませんでした」と、男社会の暗黙のルールがわからず苦しんだ。インフォーマルな男社会の人的ネットワークの外にいた異分子としての女性管理職ならではの悩みだった。

一方、坂下は、**逆に異分子の立場を利用した。**女性だからなのか中途採用だったからなのかはわからなかったが、いずれにしろ異分子であることには変わりなかった。異分子だからこそ、今までの人たちの言っていることと違う意見を言いやすかった。「そもそも本質的にそれってどうしてですか」というようなことを聞きやすかったと語った。

4 仕事と子育てを両立するために

子どもへの負い目

女性が働き続ける中で一番大きな障害は子育てとの両立であろう。均等法第一世代の女性たちが育児に携わっていた時代は今とは違いまだ制度や環境が十分整っておらず、個人がそれぞれ工夫して乗り越えることが求められた。そんな中、仕事と子育てとの間で常に葛藤が生じ、子どもを持つ複数の管理職女性たちは仕事を優先せざるを得なかったと語っている。そして、その結果として子どもへの負い目を感じている。

仕事最優先だった黒川は、子どもの遠足だけでなく、入学式にも卒業式にもすべて出られなかった。遊戯会や運動会も仕事の状況によっては土日でも行けないこともあった。「子どもたちからしたら、『お母さんはあんまり来ないよね』という感じはあったかもしれないですね。」と振り返る。（子どもが）突発性肺炎になった時も、どうしても出張しなければいけないことがあって、夫の母に頼んだこともあった。夫に対しても負担をかけたという思いもある。同様に秋本も子どもへの負い目を口にしている。

「子どもが小さい頃っていうのはお迎えの時間があったり、病気で呼び出されるとかいろんなことがあったので、常に持ち帰り仕事をしていた感じもあって、**子どもへの負い目のようなものってすごく感じていた部分はあります。**長男が保育園を卒園する時に、ママはいつもパソコンに向かってたみたいなことを何かに書いたか言ったかして、あーそういう姿を見せてしまってていたんだなと反省しました。」（秋本 2022年4月27日）

一方、「（優先としては）基本、家庭をとってましたけど…」という小宮も、やはり負い目を口にした。小宮の下の子は、4年生の3学期ぐらいに学校に行かなくなったことがあった。原因ははっきりしなかった。自分が家に居なかったことがたぶん一番の理由だったのではないかと思う。「あなたがいるから仕事ができない」というような意味のことを、たぶん何かの拍子に口にしてしまったことがあるんだろうと反省した。そういう意味ではやはりすごく家庭を犠牲にしていたんだろうなと振り返る。小宮は子どもたちから明確に家にいて欲しいと言われたわけではないが、それは感じていたという。子どもたちが小さい頃は、年に一度の家族旅行をご褒美として意識した。子どもたちに対しては、働いている後ろ姿を見せて、（大人になったら）働いてくれればいいかなと思い、家のことはある程度きちんとやることを心がけた。

坂下も「私の中で仕事が最優先だと思ったことは一度もなくて、家族とか自分とか子どもとかが最優先って決めていた」と語るが、子どもへの負い目を感じたことは一度経験している。子どもが保育園の時は友人の母親も働いているので問題なかった。だが、小学校1年生の時にどうも他の家ではお母さんが家にいるらしいということに娘が気づいたという。2年生ぐらいの時に「**ママ、私はね、大人になったらママみたいに働く人ではなくて、おうちにいるお母さんになるの」と言われてショックを受けた。**その時だけは、悪いことをしたなと思ったという。

多くの女性たちが「負い目」を口にする中、牧瀬は「**ルーチンの家事に生きがい、やりがいを感じないので、仕事を優先してきたことに負い目はないです。**」と、きっぱりと言い切った。

「長時間労働と遠距離通勤で自分の時間が限られているのに、食事の支度、家族と過ごす、過ごさなければならない時間のために自分の時間が削られることが苦痛で、単身赴任の方が楽だろうと思った時期はあります。子どもが三人いるので父兄参観とか全員1回はどこかで言ってあげるから来て欲しい日を言いなさい、来て欲しくないなら行きませんと言ってきたので…」（牧瀬 2022年9月7日）

牧瀬は「ルーチンの家事を女性の仕事とする社会風潮に地味に怒りを覚えますが、そこを生きる場所にしている人たちを傷つけ、否定するのは本意ではないです。」とも言い、良い悪いではなく、あくまで自分の価値観には合わないのだと語った。

子どもの言葉に救われた

働く母親にとって、子どもたちから働くことを否定されるのが一番辛いことだったろう。その分、逆に働くことへの子どもからの賛同が一番の応援になっている。子どもの学校行事よりも仕事を優先してきた黒川は子どもに対して負い目を感じてきたが、子どもの言葉に救われたとも語っている。

「子どもたちに対しては、やっぱり、いろんなイベントの時に行ってあげられなかったりとか、ちょっと申し訳ないなと思ったことがあって、一度ちょっとそんな話をしたら、下の娘から『家事とかをしてもらうだけがお母さんだとは思ってない』って言われたことがあって、その時は救われた感じがしましたね。」（黒川　2022年4月23日）

娘から「大人になったらママみたいに働く人にはならない」と言われ、ショックを受けた坂下だったが、その娘もいつの間にか、「ママ、働いてていいよ」と言ってくれるようになった。一時期、不登校だった小宮の娘も、大学生の時に（不登校だった頃のことを）「あれは、何だったんだろうね」と本人も不思議がっていたという。その娘も今は働いて、母の背中を追っている。

学校行事に顔を出すことができなかった黒川は、二人の娘に「経済的に自立しなさい。幸せの一部になるよ」とずっと言い続けてきた。寂しい思いをさせたかもしれない。だが、娘たちから「働いているお母さんが好き」と言われ、大人になって仕事をしている娘たちを見ると、理解しあえて来たかなと思う。

特に女の子の場合、「働く女性」、「働く母親」という姿が、職業観に大きく影響を与えると考えられるため、同じ女性として娘たちから働く母親への共感が得られたことは、自身の生き方を肯定できる大きな要因となっていると考えられる。成長した子どもたちが働く母親を肯定し、娘たちも同じように働く道を選択していることが自身の生き方の肯定感に繋がっている。

田上の娘は、中学時代に「働く人を調べる」というキャリアの授業で初めて外の世界で社会人を知る機会があった。社会人へのインタビューを通し、自分の母親は専業主婦じゃなくて子どもを置いて外へ出ているけれど、管理職としてフルタイムで働くということは、こういうものなんだということを、中学生なりにわかってもらえた。田上は「**頑張って管理職になって良かった、逆に娘を犠牲にして働いて平社員じゃ申し訳ない**」と思ったことがあるという。管理職になりたかったわけではない。だが、やるからには全うしたい。その娘も成長し、自分のキャリアを考えて企業訪問するようになった時に、自分が保育園や学童に行ったりして頑張ったのは、お母さんがフルタイムで働いて管理職だったからで、周囲の友人にはそういう母親を持っている人は少ないから、たいへんだったろうなと、その苦労をわかってもらえて良かったと振り返る。

仕事を優先してきたことに負い目はないと、きっぱりと語った牧瀬も家族をないがしろにしていたわけではない。成長した子どもたちのエピソードを語る中に「ほんとによい子に育って」という言葉が何度も繰り返し登場し、家族と良好な関係が築けている様子が窺えた。特にお嬢さんたちとの関係は微笑ましい。

「私が働いていることが何か影響しているかはわかりませんが、ただ、結婚に憧れるというのは彼女たちにはないですね。好きな人と結婚するんだったらいいけど必ず結婚しなくちゃいけないとは思ってないと思います。**女性も自分の足で歩けるようにしなさいねとは言っています。**娘たちには（家族も）ママが仕事辞めたらどうなっちゃうんだろうって心配してくれていたので…最近、新しく見つけた趣味があるんですけど、ここ3年かな、娘が沼にはめてくれたので…」[11]（牧瀬 2022年9月7日）

自らが働き続けることを選択した女性たちは、子どもたちに、特に娘には働いて自立していくことの大切さを教えている。黒川や牧瀬だけではない。言葉にすることはなくても、自身の働く姿でそれを語っている。単に経済的な理由だけでなく、それが幸せにつながることだと教え、そして成長した娘たちも母のように働くことを選択している。

職場への遠慮

子どもへの負い目とともに彼女たちから聞こえてきたのは、働く母親として、どうしても迷惑をかけてしまう職場への遠慮や気遣いだ。

「子どものことを理由に休まないっていうのはあったかな。女性の多い職場で、結婚して子どもがいる人、結婚してない人、子どもは欲しいけどなかなかできない人とか、いろんな女性がいて、その中で私ではない別の人が子どもの病気で休んだり遅刻するのが多かった時に、陰口じゃないんだけど、そういうのを聞いた時に、**ああこの職場で子どもの話はしない方がいいのかなって、なんか勝手になんですけどね。子どものことを理由には休みたくはないなって…**」（小宮　2022年6月9日）

一方、坂下は自身のプライベートの行事を職場で公にしている。公私を分けることが求められる職場でそれを可能にする環境を坂下は自身でつくって行った。「**スケジューラーにかなり前から、この日は絶対だめというのは入れておいて、授業参観とか運動会とか、私、絶対休むから**」と、**周囲に子どもの行事への参加を事前に知らせている。**これは、「職場で子どもの話はしない」という小宮とは対照的である。人それぞれ職場の環境などが違い、一概に何が正解であるとは言えないが、それが可能であれば、自身のプライベートを共有するのは、1つの工夫として合理的である。「例えば、学校でインフルエンザが流行っていて、もしかしたらなるかもしれないからよろしく、みたいなことを周りの人たちにも、言いふらしたりして…」（坂下）という行動は、坂下自身のためだけでなく、職場に迷惑をかけないための予防線でもあった。

近年は「働き方改革」で一人ひとりの働き方を尊重する傾向にあり、母親が働くことが珍しくなくなってきているが、当時は母親が働くことに職場が寛容ではなく、「職場で子どもの話はしない」という小宮のようなケースの方が多かったかもしれない。

一方、あえて子どもを持たないという選択をした人もいる。山田は、山田本人が子どもを持つことを望まなかった。「自分の分身ができるのが嫌だった」と語る山田は、**子どもができることによってライフスタイルが変わること、変えなきゃいけないということが嫌だった。**そんなふうに考える自分は子どもだったと振り返るが、当時は子どもを生んだら辞めるつもりだった。「だからなおさら子どもを産むのが嫌だった」という。

子どもを持たない選択は山田の夫も同意のうえだったという。山田は、あえて子どもを持たない選択をし、だからこそ働くのが当たり前として長年働いてきた。

逆に子どもは三人欲しかったという黒川の場合は、三人目の子どもを周囲の無言の圧力にあきらめている。それは自身のキャリアを意識してという面もあったと語る。

「結局二人になっちゃったっていうのはやっぱり三人目は難しかったです。1月に二人目が生まれた時もまだ育児休業制度ができてなくて、4月からだったんですね。だから産休だけだったんですが、それでも、『また休むのか』って言われたんですよね。一人目が27歳の時生まれて、次が29歳の時で、ほぼ年子だったので、なんか私ってずーと休んでるイメージがあったらしく、二人目の時に「え、また？」みたいな感じで、これは三人目はなんて言われるかなって思って、これ、キャリアにとっては、たぶんもう私は戦力外通告みたいな形になるなって、ここから脱落していくともうやっぱりなかなか這い上がれないだろうなぁと思ったので、結局三人目は産めなかったです。後悔まではいかないけど、ちょっとそれはありますね。」（黒川 2022年4月23日）

少子化の問題では、女性の就労がその大きな要因の1つとして取り上げられることが多い。これは否定できない。だが、保育園などの待機児童の問題や休業制度の問題などとともに、職場での心理的な問題も根深い。一方で、働く女性にとって子育ては、ある意味ブレーキになっている部分はたしかにある。

21世紀職業財団（2019）の調査では、子育て経験のある50代女性の7割（72・9％）が、子育ては仕事をするうえで制約だったとし、50代になり子育ての負担から解放された後は「思う存分働く」意欲が強く、これは総合職、管理職に限定しても同様の結果が見られると報告している。

仕事を続けて行くうえでは、さまざまな選択を迫られる場合も多く、特に出産・育児との両立のために、限られた時間的、経済的、心理的なリソースの枠の中であきらめてきたものは他にもある。育児で仕事をあきらめるということは基本的にはないと語った桂木も、海外出張のチャンスは掴んだが、本社の海外営業課長からの誘いは、魅力的とは思うものの出産・育児を考えてあきらめている。一方、秋本は海外研修に参加の機会をあきらめ、それが後の機会喪失にもつながったと語った。

「家庭との両立って意味では、年に1回ぐらい海外の研修に参加する機会があって社内から何人か行くんですが、**子どもが小さかったことを理由に断った時があって、そしたらその後もう声をかけられなくなっちゃった**ので、やっぱりちょっと残念だったなあって思いましたけど…あと週末に、習いごとをしてたんですけど、週末ぐらいしか子どもとの時間がつくれないのにと思ってそれを辞めちゃって、今となってはその頃からの習いごとを続けてたらなって思う部分はあるんですけどね。」（秋本 2022年4月27日）

仕事上のチャンスをあきらめただけでなく、秋本はプライベートでも趣味をあきらめている。秋本の語りからは、それら「あきらめたもの」に対する少しばかりの後悔と、でもあの時はそれが最善の選択だったというニュアンスが感じられた。

使えるものは何でも使う

「実家の母の助けがありましたが、子どもの病気などでどうしても大事な会議を中座することもあって、当時はまだまだ評価に大きく影響しました。今の人は信じられないくらい恵まれていると思います。」（加藤　2022年11月13日）

育児や子育てが評価へ影響した点は、育児休暇がとれなかった桂木も「次男出産後の自己欠勤が大きく響いている。」と語っている。そんな中、彼女たちは仕事を継続していくために、親や親戚など使えるものは何でも使った。

小宮は夫の協力もあったが、実家が隣のマンションだったことから実家の母親に「だいぶ助けてもらった」という。牧瀬の場合は実家だけでなく親戚も頼りにした。上の子が小学校1年生ぐらいまでは下の子の保育園のお迎えに自分が行く日があったが、大きくなってからは「**親戚中、手伝ってくださる方どんな方にでもお願いするっていう形で、全部皆さんに手伝ってもらって**」と、周囲の協力を語る。幸い夫の実家が近く、夫の母親や妹に保育園のお迎えや、時には夕食までお願いした。牧瀬自身の実家も近く、牧瀬を手伝ってくれた。坂下も頼める人には片っ端から頼んでいった。

「朝（保育園に）預けてギリギリ8時半くらいに会社に行けて、当時は6時半ぐらいまで預かってくれて、その後、延長で、母に来てもらったり、親戚のおばさんに頼んだり、あとは近所の子育てヘルパーさんに頼んでつないだりして、なんとかやってきました。（中略）**お金で解決したし、知り合いの人に頼めることは頼みました。結構お金は使いましたね。**」

（坂下　2022年5月11日）

女性たちは、既存の人的ネットワークを駆使しても追いつかない場合、金銭的な負担をして外部の協力者を確保している。当時はやむを得ずその選択をしたのだろうが、これは仕事を続けるための「経済的投資」だったと言える。桂木も、給料のほとんどが子どもの保育園とベビーシッターさんに消えたと語っていたが、彼女たちは仕事を続けるために決して少なくない金額を「投資」してきた。

彼女たちは既婚者でパートナーの収入があるため、自身の給料の多くを投資しても家族の生活を維持することができた。その点で、経済的には恵まれた環境にあったとも言える。

久我（２０１７　１０８頁）によると、大学卒女性の生涯所得の推計は、大学卒業後に同一企業で正規雇用者として働き続けた場合は２億６千万円、二人の子を出産し二度の育休と短時間勤務を利用した後すみやかに復職した場合は２億１〜２千万円、出産退職しパートで再就職した場合は約６千万円であり、離職するとしないで２億円の差がある。管理職となり、ある程度の収入を得ることができた女性管理職たちにとって、「経済的投資」が将来にわたるリターンに結びついていると言うこともできる。

5　パートナーの存在

既婚女性が仕事を続けていくには、やはりパートナーの理解や協力は欠かせない。子どものいない中野は夫を日本に残して単身での海外駐在も実現している。「すごい理解があって両立のうえでは問題はまったくありませんでした。」と中野は振り返る。

子どもがいる場合、パートナーの存在はさらに大きい。黒川の夫は途中から脱サラして時間が自由になった分、家事・育児に積極的に関わっている。

「最初は別居結婚で、車で２時間位かかるところにいたんです。それで、一人目の子の時

図2-3 共働き世帯数の推移（妻が64歳以下の世帯）

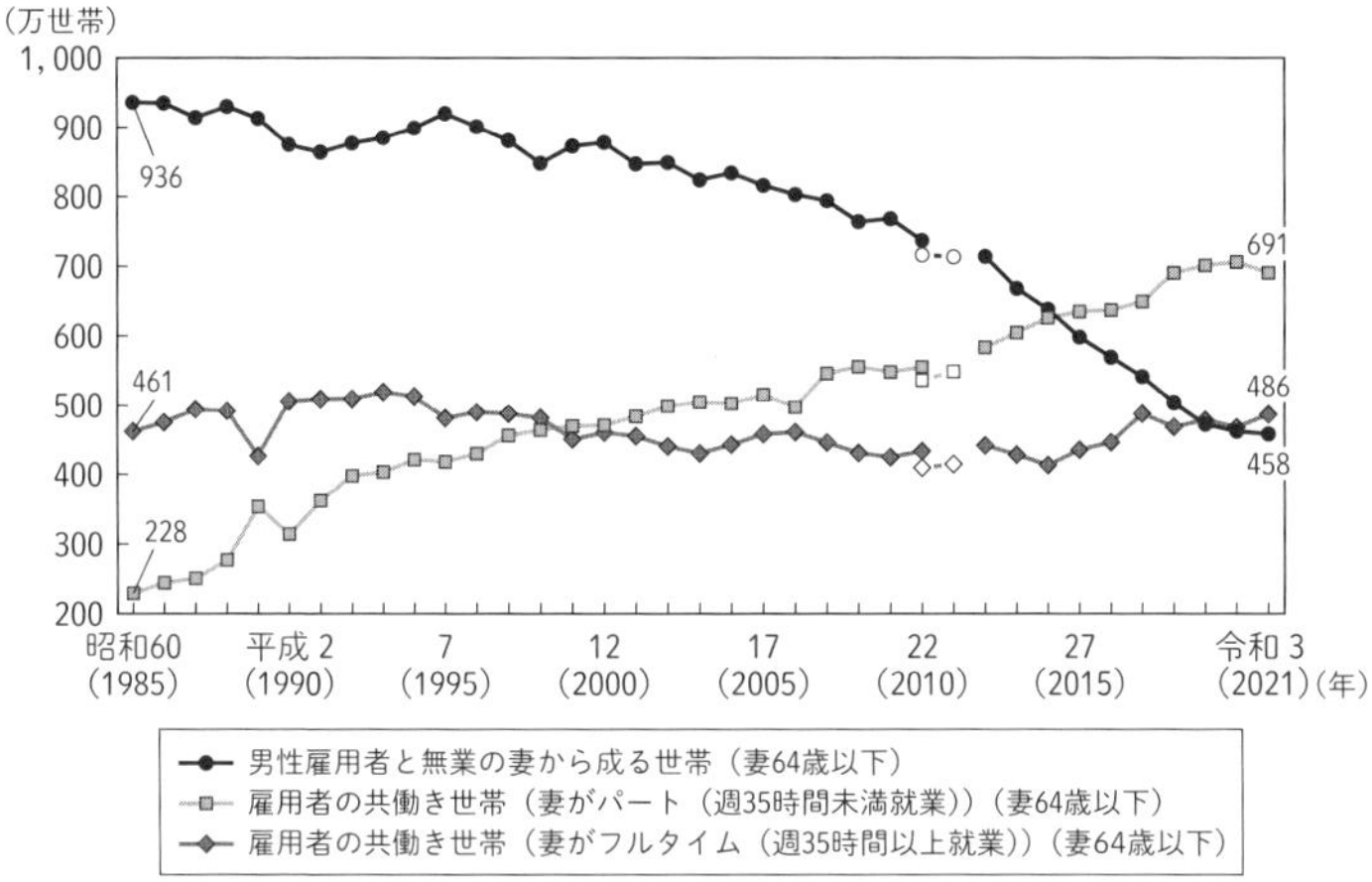

（備考）1．昭和60年から平成13年までは総務庁「労働力調査特別調査」（各年2月）、平成14年以降は総務省「労働力調査（詳細集計）」より作成。「労働力調査特別調査」と「労働力調査（詳細集計）」とでは、調査方法、調査月等が相違することから、時系列比較には注意を要する。
2．「男性雇用者と無業の妻から成る世帯」とは、平成29年までは、夫が非農林業雇用者で、妻が非就業者（非労働力人口及び完全失業者）かつ妻が64歳以下世帯。平成30年以降は、就業状態の分類区分の変更に伴い、夫が非農林業雇用者で、妻が非就業者（非労働力人口及び失業者）かつ妻が64歳以下の世帯。
3．「雇用者の共働き世帯」とは、夫婦ともに非農林業雇用者（非正規の職員・従業員を含む）かつ妻が64歳以下の世帯。
4．平成22年及び23年の値（白抜き表示）は、岩手県、宮城県及び福島県を除く全国の結果。

出所：内閣府男女共同参画局（2022）「令和4年版男女共同参画白書」

は、ウィークデイは私が一人で全部やらないといけなかったので大変だったんですけど、二人目が2歳になったあたりで、脱サラをして、夫の方が時間的には自由になって、そこから先は保育園とか全部やってくれたんですね。だから、それは助かりました。」（黒川　2022年4月23日）

黒川が保育園を利用していた1990年代前半は、

フルタイムの家庭は専業主婦の家庭の半分程度にすぎない（図2－3）。

かつては妻が働くことに、パートナーの「許可」が必要だった。パートナーとの関係性によっては今でも「許可」を求めている妻たちもいるだろう。だが、ここに登場する女性管理職たちの場合は、夫婦の関係性において「許可を得る」という上下関係は見当たらない。パートナーたちもできる限り、妻の就労を応援し、子どものいる場合は、より積極的に家庭内のことに関わっている。家事や育児への関わり度合いにはそれぞれ温度差があったかもしれないが「共働き」という環境を二人で維持しようと努め、お互い対等な立場でそれぞれのキャリアを形成している。

では、パートナーがいない場合はどうなのだろうか。

国際協力NGOで現地事務所代表を務めた永井友子は、恋愛はしたが、その人たちと結婚したいとまで思わなかったという。その後、マッチングサービスに入会して結婚相手を探したが、そこで紹介された男性たちの結婚に求めるものが、いわゆる古い考えで、女性には家や夫の世話をして欲しいというのが透けて見える人がほとんどだった。結婚して幸せになれるとは思えなかった。永井は、「同志のような、なんでも意見を言えてお互いに助け合い補える関係」を望んだが、彼女の望みは叶わなかった。「結婚して家事の負担が増えるくらいならしない方がましと思いました。子どもは産んでもよいと思いましたが、産むからには責任をもって育てなければなりませんから、シングルマザーでやっていける自信はありませんでした。結婚相手が現れない時点で時間切れとなりました。」と振り返る。永井は結婚しなかったから留学や海外駐在ができたとも語る。

「（もし、結婚していたら）おそらく留学も海外駐在もできなかっただろうと思います。**結婚をしたから留学も駐在もできなかった、と後悔はしたくなかったので、自分のキャリア形成を優先し、それで結婚できなかったとしても現在後悔はしていません。**もちろん、知り合いで結婚し、子どもも育てながら、夫とバラバラに海外に駐在している人もいますが、超人的だと思っています。」（永井 2022年11月20日）

永井は「後悔はしたくなかった」と結婚よりもキャリア形成を優先したと語った。中野のように夫を日本に残して単身での海外駐在などは、現在でさえもハードルは高く、永井が結婚したら留学や海外駐在はできなかっただろうと語るのも無理はない。

笠原も婚約まで行ったが、結局、婚約を破棄している。「**自分の名前が変わるのがなんかすごく嫌だったんですね。結婚して自分の名前がなくなるっていうことが**」と語る笠原は、それまでそんなことを考えたこともなく、女性は結婚して子どもを産むのが当たり前だと思っていた。だが、いざ結婚で籍を入れるとなった時に、自分がなくなるような感じがして、結婚を踏みとどまった。もし選択制別姓ができていたら結婚していたと思う。それに、仕事をする、しないというよりも、家にいて欲しいと言われて違和感もあった。単に「名前」だけの問題ではない。**結婚するということが、古い価値観の中に閉じ込められ自分でなくなるという感覚に結びついた結果だったのだろう。**

笠原は自身のキャリア形成にとっては未婚であるということは特にマイナスではないと語った。育児はしなくても、会社で新人を育成することやメンバーたちの子どもの誕生から成長まで、さまざまな事件、病気や不登校、クラブ活動や親同士のトラブルにも一緒に対応したことなど、学ぶ環境は多かった。

定年前は情報通信企業で部長職にあった清水百合は、仕事が面白くなってしまったからだと未婚の理由を挙げ、結果キャリア形成に有利だったと語った。

「ご縁がなかったことと、30歳を過ぎて仕事が面白くなり結婚に興味がなくなりました。(中略)シングルだったので仕事をする時間を多く持てたこと、**家庭を気にせずに仕事に集中することができたことで経験や実績が増えて幹部社員昇格につながったと思ってます。**」(清水　2022年11月28日)

一方、医療業界で部長だった加藤真紀は58歳の時に離婚している。子どもの成長を待って離婚への具体的行動に移ろうと考えていた。キャリアへの直接の影響はなかった。だが、「経済的に独立しなくては離婚できないという思いが強かったので、より良いキャリアへの執着は結果的に強くなっていたと思う。」と振り返る。

加藤の場合、状況から、パートナーとしての協力は得にくかったかもしれない。加藤が離婚に踏み切った際には子ども二人はすでに成人しており、離婚訴訟に協力してくれた。加藤にとって離婚という人生の大きな転機は、キャリアそのものよりも、キャリアへの思いに影響していた。

6　自分一人でいられる時間

日々忙しく過ごしている中で、果たして自分らしくあった時間は少しでもとれたのだろうか？とれたとしたらそれはどんな時間だったのかを聞いた。黒川は、「子どもが生まれる前までの時間。自由な時間」、牧瀬は「通勤途中など、自分一人でいられる時間」を大切にした。

子どもを持った女性の場合は、育児が始まるとなかなか自分の時間はとれなかったのがわかる。それは、子どもがある程度成長するまで続く。加藤は子どもたちが独立して、やっと自分の好きなことができるようになったと語った。

「誰に遠慮なく好きなことをできるようになったのは子どもたちが独立してから。それが自分の人生と思うしかないので、結局それが自分らしかったと言うしかないと思います。」（加藤　2022年11月13日）

一方、子どものいない中野や、シングルの永井や笠原は、ある程度自分らしくある時間を確保して楽しんでいる。中野は定期的に休暇を取得し、旅行に出かけた。特に自然に接している時や、一人旅は自分の時間だったという。永井は「大学や高校時代の友人や、共通の関心ごとのある友人たちと会い、会話の時間を楽しんだ。一人で好きなバイオリンコンサートに行くこともあった。笠原も、国内外の旅行を楽しみ、「管理職になる前までは、自分の服は全部自分で作ってました。」と、裁縫や料理など家での時間も楽しんでいる。

さらに永井の場合は、「キャリアアップ」のために海外の大学院への留学も実現し、この時間も自分らしくあった時間だったと語った。いわば、将来の自分に対する投資のための時間だったと言える。

「自分の意志でフィリピンの大学院に留学していた時も、勉強も生活もものすごく大変で苦労しましたが、ある意味『自分らしくあった時間』かもしれません。今の私を形づくるために必要な『宝物』のような時間だったと思います。」（永井　2022年11月20日）

やはり、自由になる時間の差、いわば可処分時間の差は子どもの有無で大きく変わっている。人が持つさまざまな役割期待の自己認知であるサブ・アイデンティティのうち、子どもを持たない人の場合は、「母親」としてのサブ・アイデンティティが存在しない分、「ひとりの自分」というサブ・アイデンティティの存在は大きい。「母親」としてのサブ・アイデンティティを持つ人は、育児や子育て期間中は「自分らしくあった時間」は極端に少なく、「ひとりの自分」としてのサブ・アイデンティティの存在は後回しになっている。そしてその分、子育てから解放された後に「ひとりの自分」の存在は大きくなる。

サブ・アイデンティティの存在の大きさが時間の多寡ですべて語られるわけではないが、1日24時間という万人に共通の限られた時間の中で、かけられる時間の影響は小さくない。さらに、子どもは物理的に手をかける時間が取られるだけでなく、気に掛ける対象としてその存在は大きく、サブ・アイデンティティへの影響も大きい。

一方で、シングルの清水は「家庭を気にせずに仕事に集中することができたことで経験や実績が増えて幹部社員昇格につながった」（清水 2022年11月28日）と、「母親」としてのサブ・アイデンティティがない分を、「ひとりの自分」ではなく「組織メンバー」としてのサブ・アイデンティティに、より集中している。

7 仕事を通じて社会の役に立ちたい

仕事への想い

新人として入社した当時はそれほど意識していなかった仕事への想いは、長年の勤務の中で徐々に彼女たちにとって、大切なものに変わっていった。仕事が面白くてのめりこんでいったが、仕事で社会の役に立ちたいという想いも醸成されていった。

小宮は家にいて家事をすることが嫌いなわけではなかった。それでも家とは違う外とのつながりに魅力を感じている。かつて仕事を続ける理由を聞かれた時に自己実現と言ったことがある。**仕事で「自分が役に立っているという感覚」**を求めているのを自覚している。仕事を続ける場があれば、できるだけ続けて行きたいと思うし、**仕事のない人生だったら子どもが可哀想だった**と思っている。たぶん、子ども一筋で過保護になってしまうだろうと語る。

中野も、「（なぜ働いてきたかと言えば）自立したいという、それだけだと思います。」と働く目的は明確だ。**結婚しててもしてなくても自分の生きる糧は自分で見つけるというのが自分としてのポリシー**で、若い頃からずっと思ってきた。加藤も仕事を通じて社会の役に立ちたいという。

「もともとキャリア志向でした。**仕事を通じて社会の役に立ちたい、キャリアを重ねて成長したいという思いがあります。**」（加藤　２０２２年11月13日）

迷い

だが、長年働き続ける中には、さまざまな迷いもあった。

坂下は外資系の金融企業に勤務していた際に、「金融から足を洗って自分はチャリティーをやるんだ、社会に貢献したい」と言って結婚して辞めていった30歳ぐらいの海外の若い女性のことを「**あーこういう道もあるんだ、羨ましいな**」と思ったことがあった。

ずっと経理の道を歩んできた中野も、40代半ば頃に「これでいいのかな、そもそも自分って経理やりたかったからやってたわけじゃないよなぁ」と思った時期がある。だからと言って当時の中野には他にやりたいことがあったわけではない。「だけど何やりたいんだろうっていうのは考えたんですけど、あまり具体的には見つからなかった。ちょっと転職しようかなーどうしようかなーみたいに」と振り返る。ずっと頑張って働き続けて、ある日、ふと、これでいいのかと思う時は誰にでもある。

「理不尽なことがあると何度も辞めようと思ったんですが、一歩踏み出す勇気が出なかったのは、辞めた後やりたいことがないからかなぁと思います。」（牧瀬　2022年9月7日）

今の仕事でいいのかと立ち止まったとしても、中野や牧瀬のように、他にやりたいことがあるわけではないと、結局、踏みとどまるケースが大半だろう。桂木もそうだった。何が正しいということではない。他にやりたいことがあれば、飛び出していたかもしれない。

秋本の場合は、転職ではなく、社内での異動を試みている。あまりにも仕事が大変だった時期に仕事を辞めることを考えたが、「私のしていた仕事って、意外とニッチな仕事なのかなって思うんです。あんまり他ではない。」と、特殊な仕事だったため、その仕事で他社に移ることは考えなかった。社内の他の部署でやってみたい仕事もあったので異動を希望したこともあったが、残念ながらそれは叶わなかった。

若い頃に「喫茶店をやりたかった」という小宮は、今でも喫茶店はやりたいと思っている。

「チャンスがあれば、経済的に余裕があれば趣味のお店をやりたいな～って感じですかね」と、具体的に考えているわけではないが夢として持ち続けている。

仕事の醍醐味

女性たちは迷いながらも30年以上、仕事を続けてきた。苦労してきた一方で、仕事の醍醐味も味わっている。

秋本は、（仕事で）多岐にわたるテーマに関わった。そのたびにさまざまな人との出会いがあった。自ら専門家を探し出し、コンタクトをとり、一緒にイチから創り上げていくプロジェクトに一貫して関わることができた仕事がとても面白く、完成していくプロセスが醍醐味だった。

山田も同様に、仕事を通じていろいろな人とつながり、一緒に何かを創り上げて結果を出していくことが非常に楽しく、**「今振り返ってみてずっと仕事してきてやっぱり良かったなーって、それしか思わないです。」**と長年仕事を続けてきて良かったと語る。

社会と関わり、人とつながり、一緒に何かを創り上げていく仕事に喜びを見出す人は多い。ダイナミックな仕事や大変なプロジェクトは、大変であればあるほど、やり遂げた時の達成感は苦労を忘れさせ、自信につながり、また次の困難に立ち向かう原動力となった。製造業で課長を務めた田上葉子は、海外出張で味わった仕事の面白さが忘れられなかったと語った。

「海外営業本部で中南米や途上国を担当していた頃、まだ女性の海外出張が少ない時代、実際に現地に赴いて、現場を見て、**そんな十分じゃないスペイン語と英語を駆使して現地の方と価格交渉した時の仕事の面白さ、醍醐味は忘れられず、定年までここで勤めようと思ったのが鮮明に記憶に残っています。**」（田上　２０２２年10月29日）

突然、上司や先輩が退職してしまい、大きなプロジェクトを任された中野も、毎晩遅くまで働いて大変だったが、それが今の自信につながったと語る。テクニカルスキルがついたことも自分の自信の１つになった。もともとグローバルに活躍したいという思いを持っていた中野は、海外赴任でいろいろな国の人と一緒に仕事をする経験をし、実際にアメリカで部署を持たせてもらった。「**自分一人ではできないことをやっぱり会社を通してすごく経験できた。仕事を通してそういう国境を越えた仕事もできたっていうことはすごく大きかった**」と語る。坂下も数多くの大きな案件に関わることができ、ダイナミックな仕事で、かつ自分ができることとマッチしていたと振り返る。

子どもたちが参加するイベントを自ら企画提案し、成功させた黒川は、子どもたちが目をキラキラさせて参加している姿を見た瞬間、**「私がこの会社に入ったのはこのためにあった」**と思ったという。

「やっぱり会社の肩書きがないとできないことだろうなって、会社に入ってこそできることっていうのも有るかなと思いました。」と、秋本が語るように、彼女たちは会社という組織の中で長年働き続けてきたからこそ、仕事の醍醐味を味わうことができた。

顧客との関係から仕事の喜びを語った人もいる。SE時代に**お客様にありがとうって言われる時が一番嬉しかった**という小宮は、人材開発に異動後は、研修で元気になって帰っていく受講者の姿を見るのが一番嬉しいと思った。顧客だけではない。牧瀬は、「部下がそれまで理解できていなかったことを、仕事を通じて理解できるようになった時は嬉しかったですね。」と部下の成長に喜びを感じたという。

プロジェクトの成功だけでなく、顧客からの感謝の言葉や部下の成長を目にした時、彼女たちは自分の仕事に自信を持った。

黒川はパイオニアとして「女性でもできる」という事例をつくり、後に続く女性たちの道を切り開いた。「当時、女が人事部長なんてできるのかっていうのがあったくらいなので、あーやれるんだなっていう事例になった」と語る。内外で認められ、それが自信となっている。

笠原も、人の成長や、組織が良い方向に進んでいることを実感した時に、仕事の面白さや醍醐味を感じた。自分の専門性が活かされ、役に立てたと感じた時の満足感、資格取得が活かされ行政の仕事に携わったことで周囲から評価され、こんなに信頼されるのだと思った。

彼女たちは、社会との関わり、人とのつながり、部下の成長や誰かと一緒に何かをつくり上げていく喜び、ダイナミックな仕事や大変なプロジェクトをやり遂げた達成感、役に立てた喜び、自分の企画を成功させた自信、後輩のために道を切り開き会社から承認され、周囲から信頼された満足感、そして自己の成長の実感など、長年の仕事を通じて仕事の醍醐味を味わってきた。仕事の面白さ、醍醐味を知っているからこそ、働き続けてきた。

註

(1) 指導的地位：(1)議会議員、(2)法人・団体等における課長相当職以上の者、(3)専門的・技術的な職業のうち特に専門性が高い職業に従事する者とする(平成19年男女共同参画会議決定)(出所：男女共同参画局 2007)。

(2) ポジティブ・アクション：社会的・構造的な差別によって不利益を被っている者に対して、一定の範囲で特別の機会を提供することなどにより、実質的な機会均等を実現することを目的として講じる暫定的な措置のこと(出所：男女共同参画局 2007)。

（3）博報堂（2021年6月実施）の「女性の管理職に対する意識調査」。20～30代の正社員・総合職の女性500名が回答（https://www.hakuhodo.co.jp/uploads/2021/09/h20210922.pdf）。

（4）コース別雇用管理制度を有する企業の「総合職」と、同制度を有しない企業において男女同等に採用された者を「基幹職」としている。

（5）大内（2012）の調査は、第一世代として1983年から1990年入社、第二世代として1996年から2000年入社の大卒女性を対象とし、1993年から2006年まで行っている。

（6）フィギュア・ヘッド：船の船首に付けられた装飾品、船首像のこと。

（7）たばこ部屋：単なる喫煙ルームだけでなく、役職や組織の壁を越えてインフォーマルに情報交換する場として比喩的に使われる言葉。

（8）オールド・ボーイズ・ネットワーク：伝統的な男社会の男性メンバーの間で暗黙のうちに築かれ、共有、伝承されている排他的で非公式な人間関係。

（9）メンター：「助言者」、「相談者」の意味で、ビジネスでは仕事の進め方やキャリアについて相談にのり、助言をする、上司とは別の存在。

（10）1989年～91年頃に放映された三共製薬（現・第一三共ヘルスケア）の栄養ドリンク「リゲイン」のテレビコマーシャルで使われたキャッチフレーズ。バブル期の猛烈な働き方を象徴するものとして取り上げられることが多い。

（11）趣味などに熱中することを「沼にはまる」と表現する若者から出た言葉。

第3章

定年に向けたキャリアワーク

1　ニュートラルゾーンを活かす

筆者（西村）はセカンドキャリア研修を主催している。研修の参加者は「マチュア世代の働く女性たち」だ。マチュアとは、「成熟した」あるいは「おとなの」という意味の言葉で、研修設計の原点には、「美しい50歳が増えると、日本は変わると思う。」という１９９７年の大手化粧品会社[1]のＣＭのキャッチフレーズがあった。これは、社会で活躍している50代間近の女性たちをモデルに起用し、「年齢を重ねても輝いている女性の姿・生き方がテーマ」をブランドコンセプトに掲げ、化粧品の世界でマチュア世代を意識した最初のブランドと言われている。今、この50歳を60歳に変えても遜色がない。

研修には長年企業の中でキャリアを積み、定年を意識し始めた女性たちが組織文化の異なる各企業から参加している。

これまで40歳から62歳まで、さまざまな業種、さまざまな職種の170名以上の女性たちが受講している。その8割が管理職である。彼女たちの中には企業からの派遣で参加している人も一部いるが、大半は自分で参加を決め、費用も自己で負担している。

自社でキャリア教育を実施している企業もある中、筆者(西村)の主催するセカンドキャリア研修に自主的に参加している女性たちは皆、定年退職後のキャリアをより良いものにするために、自ら積極的に向き合おうとしている。さらに、筆者(西村)がメディア等で「女性の定年」について記事を書くと、全国から問い合わせがくる。多くの女性たちが将来に対しての不安を口にし、ヒントを求め、また悩みを共有できる仲間を求めている。

研修では、「もやもやをワクワクに!」というキャッチフレーズのもと、自己に向き合い、定年後に向けてのもやもやした不安を前向きなワクワク感に変えていくことを目標にしている。

岡田(2013 86頁)によれば、アメリカの心理学者ウィリアム・ブリッジズは、成人期には共通した発達課題や移行期があるという前提に立ち、人生行路(ライフコース)やライフサイクルなどの連続性の中でトランジションを捉え、(中略)トランジションが古い状況から抜け出し、過渡期のどっちつかずの混乱を経験し、そこから新しい状況へ向かって再び前進し始めるプロ

図3-1　転機のプロセス

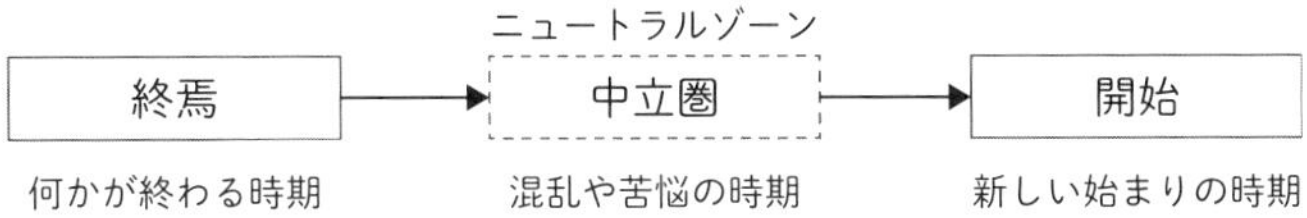

出所：金井（2001）ブリッジス・モデルをもとに加筆修正

セスであると考え、『終焉』、『中立圏』、『開始』の3つの様相を示すことを明らかにしている（図3－1）。

研修の中でも、定年後に向けてのもやもやは、何かが終わる終焉から、新しく何かが始まるまでの間の中立圏である「ニュートラルゾーン」にある状態だからであることを伝えている。特に40代後半からの女性たちは、これまで多忙で自分のキャリアをじっくり考える余裕もなく、後回しにしてきた一方で、役職定年や定年、子育てからの解放など転機の時期であるため、キャリアの悩みを感じやすい。

2　定年後の不安を和らげる

セカンドキャリア研修では、申し込みにあたって「研修参加の目的」と「研修で得たいこと」は何かを申込フォームに記入してもらう。これまでの受講生の申し込み結果の中から管理職であると回答した人を抽出し、その人たちの上記質問への回答（n＝106）をUser Local社のAIテキストマイニング(2)により分析を行った。

図3-2　ワードクラウド「研修参加の目的」(n=106)

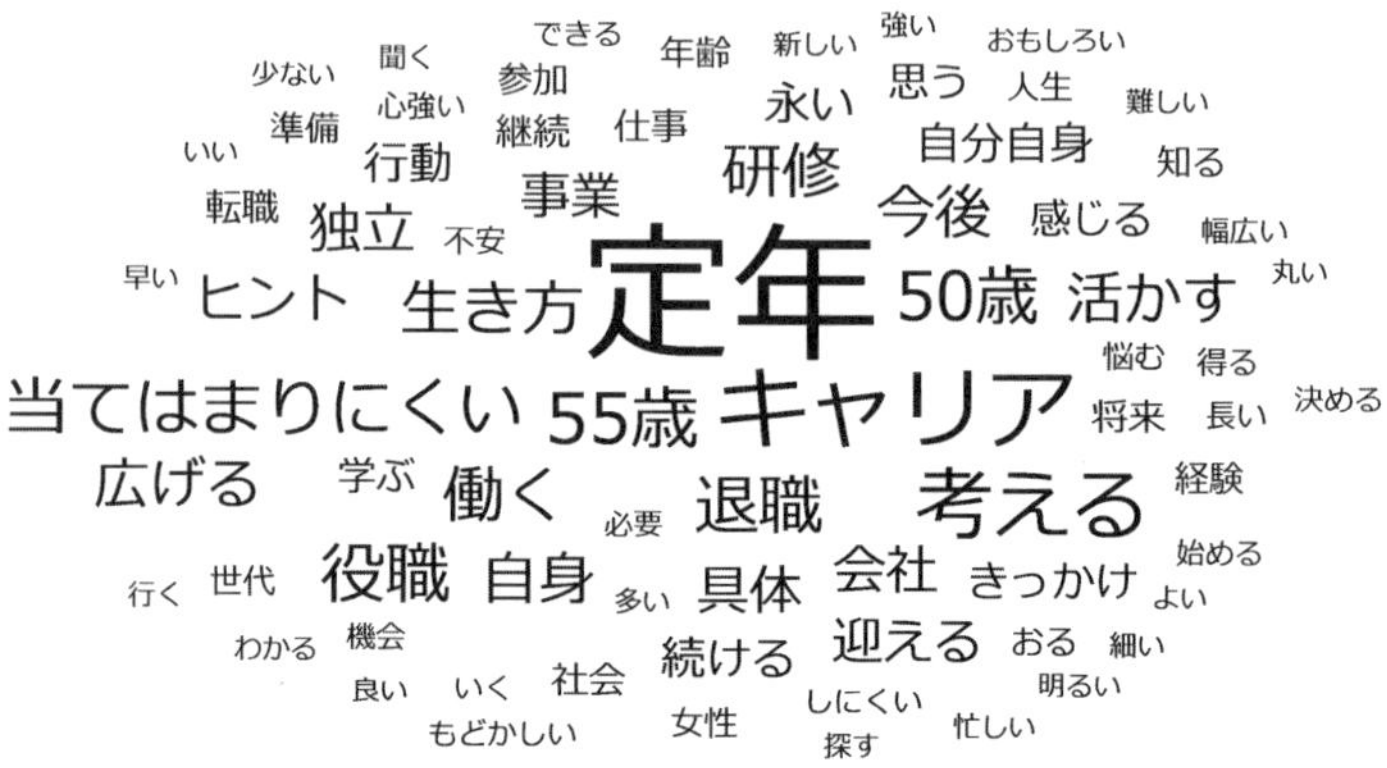

出所：ユーザーローカルAIテキストマイニングによる分析結果

最初分析をすると、「セカンドキャリア」という単語が頻出したが、文章にこの単語が多く含まれるのは必然であるため、分析対象から「セカンドキャリア」という単語をとり除き、改めて分析を行った。

まず始めに、「セカンドキャリア研修」への参加目的について分析する。(図3-2～図3-4)「セカンドキャリア」という単語を除くと、最頻出の単語は「定年」である。「定年」を含む文章には以下のようなものがあった。

- 役職定年後の自分の働き方が見えない、会社が社員へ斡旋する再雇用先の業務に興味が持てない等により、自分の将来に不安を感じるため。
- 定年後について漠然とした不安があるため。

図3-3 単語出現頻度「研修参加の目的」(n=106)

名詞	スコア	出現頻度	動詞	スコア	出現頻度
定年	150.55	35	考える	14.36	73
キャリア	59.95	30	思う	0.91	40
仕事	1.87	28	働く	5.23	20
今後	10.72	24	知る	0.57	15
会社	5.13	23	感じる	0.91	13
研修	14.12	15	おる	0.51	12
参加	1.56	13	できる	0.18	12
退職	18.01	12	続ける	1.17	11
行動	3.48	12	いく	0.24	11
生き方	15.97	11	迎える	1.66	8
自身	5.51	11	始める	0.20	6
準備	1.55	11	活かす	3.59	5
人生	1.29	11	広げる	2.11	5
役職	20.95	10	悩む	0.28	5
転職	1.97	9	開く	0.06	5

出所：ユーザーローカル AI テキストマイニングによる分析結果

- 定年後の不安の解消・軽減。
- 勤務先の定年が65歳に伸びて、かつ、ポストオフが迫る年齢になり、今後の働き方を再考するきっかけとしたいと考えました。
- 若干特殊なキャリアが長く、定年後を模索している状況です。
- 定年後の生き方についての情報を得ること。現在考えている計画が検証できれば心強い。
- 定年後の働き方について感じている不安とモヤモヤを少しでも解消し、定年後につながる行動を起こしたい。

2番目に多かったのは「キャリア」という単語で、以下のような文章があった。

図3-4 名詞・動詞の係り受け解析「研修参加の目的」(n=106)

名詞 − 動詞	スコア	出現頻度
仕事 − 続ける	3.50	6
定年 − 迎える	3.33	5
キャリア − 考える	0.41	5
生き方 − 考える	0.41	5
定年 − 働く	0.95	4
参加 − 思う	0.49	4
行動 − 移せる (否:33.33%)	3.00	3 (否:1)
視野 − 広げる	2.00	3
情報 − 得る	1.00	3
不安 − 感じる	0.86	3
研修 − 受ける	2.00	2
興味 − 持つ	1.50	2
銀行 − 残る	1.50	2
お話 − 聞く	1.00	2
準備 − 始める	0.86	2

出所：ユーザーローカル AI テキストマイニングによる分析結果

- 自分のキャリア、今後の生き方について考えたい。
- 今後のキャリアの方向性を探るため。
- 今後のキャリアや人生設計について見直すため。
- 今後のキャリアについてどのような選択肢が考えられるのか、具体例も含めて知りたい。
- 今後のキャリアや働き方について悩んでいるため。
- 任期満了のため、次なるキャリアを模索しています。

名詞・動詞の係り受け解析「研修参加の目的」（図３－４）からは、**「定年を迎えるが定年後も働く、仕事を続けたい、キャリアや生き**

方を考えるために参加した。不安を感じているが、なかなか行動に移せない。視野を広げて情報を得たい。」という受講生の声が聞こえるようである。

なお、図3-2のワードクラウド「研修参加の目的」で「当てはまりにくい」という単語が抽出されているが、これは、「会社のシニア向けのシステムは依然大多数を占める男性向けであり、まだ少数派の定年女子には当てはまりにくいと感じてきたため、同じような立場向けのセミナーを探していた。」という受講生の声が、出現回数は一度だけだが、スコアが高いと判断[3]された結果、大きく表現されている。なお、「スコア」とは、出現回数だけでなく、重要度を加味した値である。

3　今後の人生をより良いものに

次に「セカンドキャリア研修」で得たいことについて分析する（図3-5〜図3-7）。

こちらも、「セカンドキャリア」という単語を除いて分析した。最頻出の単語は「今後」である。これには、次のような文章が挙げられる。

●今後の人生をより良いものにするために、何をすべきか、具体的に行動するための知識

図3-5　ワードクラウド「研修で得たいこと」(n=106)

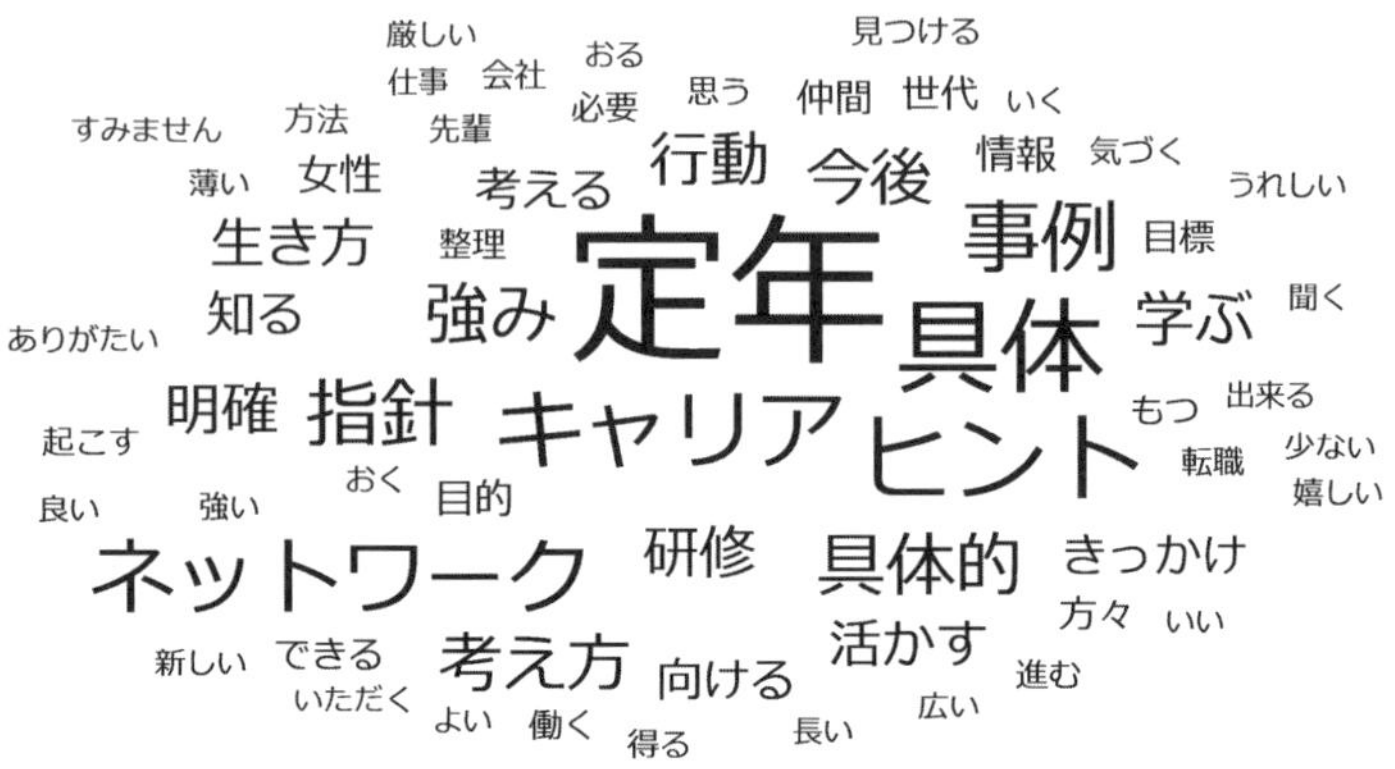

出所：ユーザーローカルAIテキストマイニングによる分析結果

を得たい。

●今後に向けて、今何をすればよいのか、できるのかを明確にしたい。

①自分自身のこれまでの棚卸および今後について、考えて行動するキッカケを得たい。

②今後振りかかってくるであろうことを予測して今後の歩みに活かしたい。

●希望すれば65歳まで勤務可能で勤務できるが、今後仕事上の変化・成長は期待できず、組織上の人間関係も複雑。転職の誘いもあるが、踏み切れず。かといって、プライベートも含め、何か明確にやりたいこともなく、このまま現状維持するか否か、迷っており、解決策となる指針が求められればありがたい。

2番目に多かったのが「行動」である。

図3-6 単語出現頻度「研修で得たいこと」(n=106)

名詞	スコア	出現頻度	動詞	スコア	出現頻度
今後	6.25	18	知る	1.11	21
行動	5.31	15	考える	1.02	19
定年	43.19	14	できる	0.37	17
ヒント	18.13	13	思う	0.15	16
キャリア	15.61	13	学ぶ	1.80	6
情報	1.93	13	向ける	1.02	6
具体	21.38	12	働く	0.35	5
女性	2.07	11	もつ	0.34	5
仕事	0.29	11	気づく	0.21	5
考え方	7.41	10	出来る	0.07	5
必要	0.89	10	聞く	0.06	5
ネットワーク	14.21	8	いく	0.05	5
具体的	8.55	8	見つける	0.22	4
研修	4.61	8	いただく	0.11	4
きっかけ	3.08	8	おく	0.10	4

出所：ユーザーローカル AI テキストマイニングによる分析結果

- 今後の人生をより良いものにするために、何をすべきか、具体的に行動するための知識を得たい。
- 行動計画。
- サポートしていただきながら、実際に判断、決定して行動につなげていきたい。
- すでに研修後なんらかの行動を起こされている方がいらっしゃればお話しをお聞きしてみたい。
- さまざまな学び、行動するキッカケを得たい。

スコアから見ると、やはり「定年」が最も高いが、「キャリア」の「ヒント」や「具体」とともに「ネットワーク」も高い。

図3-7　名詞・動詞の係り受け解析「研修で得たいこと」(n=106)

名詞－動詞	スコア	出現頻度
ヒント－得る	1.25	5
行動－起こす	3.00	3
研修－得る	0.50	3
行動－移す	2.00	2
社会－残る	2.00	2
定年－働く	1.00	2
目的－もつ	1.00	2
キャリア－考える	0.30	2
必要－知る	0.27	2
考え方－知る	0.27	2
事例－知る	0.27	2
情報－得る	0.25	2
キッカケ－得る	0.25	2
情報－助け合う	1.00	1
認識－測る	1.00	1

出所：ユーザーローカル AI テキストマイニングによる分析結果

- 同世代の女性たちとのネットワーク・同世代の女性たちからの刺激。
- 同年代で同じ志向の仲間（ネットワーク）。
- 異業種の方とのネットワーク。
- 研修を行った後もネットワークを持ちたい。
- 同世代で同じ思いを持つ方々とのネットワーク。

ワードクラウド「研修で得たいこと」（図3-5）からは、**「定年に向けて今後のキャリアを考える指針とするために、事例や考え方など具体的なヒントを得たい。仲間となる同世代の女性たちとのネットワークを築きたい」**という思いが見えてくる。

4 自己を分析し、強みを認識する

セカンドキャリアは基本的に自分のやりたいことを目指すべきだと筆者たちは考える。だが、とは言っても夢を追うだけではなく現実と向き合うことも必要だ。

研修では、3つの「知る」を大事にしている。1つ目は世の中の状況を知る、2つ目は自分の経済状況を知る、そして3つ目が自分自身を知る、である。シニアの転職が難しいということは皆、頭ではわかっている。だが、実際にどんな状況なのか本当にわかっている人は多くはない。研修では実際の転職の現場で何が起きているのかを、起業・独立した場合や会社に残った場合などの事例とともに紹介していく。

2つ目の自分の経済状況もきちんと把握している人は意外と少ない。厚生労働省（2020）「令和2年簡易生命表の概況」によれば、「生命表上の特定年齢まで生存する者の割合」は、女性の場合90歳までが52・5％、95歳までが28・3％で、日本女性の半分は90歳まで、4分の1は95歳まで生きることになる。長生きがリスクという不幸な老後にならないように、経済的に、せめて90歳まで資金がショートしないか、試算してみることも必要だ。そのうえで、セカンドキャリアで何をやるかを考える。そして、3つ目が自分を知るである。

人は意外に自分のことはわからないものである。そこで、研修ではいくつかの実践的なワークを行って、自ら自己を分析するということを行っている。ここではその一部を紹介する。

ライフラインチャート

「ライフラインチャート」は、時間を横軸に、仕事や生活の満足度を縦軸にして、社会人になってからの満足度の変化をグラフに表現していくものである。自身のこれまでのキャリアを振り返りながら、自分に影響を与えた、あるいは印象に残っている経験や出来事をプロットし、曲線で結んで作成するもので、多くのキャリア研修でも取り入れられている。

アメリカの心理学者でプロティアン・キャリアを提唱したダグラス・ホールはキャリアとは「ある人の生涯にわたる期間における、仕事関連の諸経験や諸活動と結びついた態度や行動における個人的に知覚された連続である」と定義している（岡田 2013 37頁）。

ライフラインチャートは、これまでの経験やできごとを自身がどう捉えているかを具体的に表わすものであるが、ここで大事なのは、満足度が落ち始めたきっかけ、逆に、満足度が下降した後にまた上がり始めたきっかけが何であるかだ（図3-8）。自分はどういうことがあると満足するのか、どういうことがあるとモチベーションが下がるのかを認識するのが大事である。

図3-8 ライフラインチャート

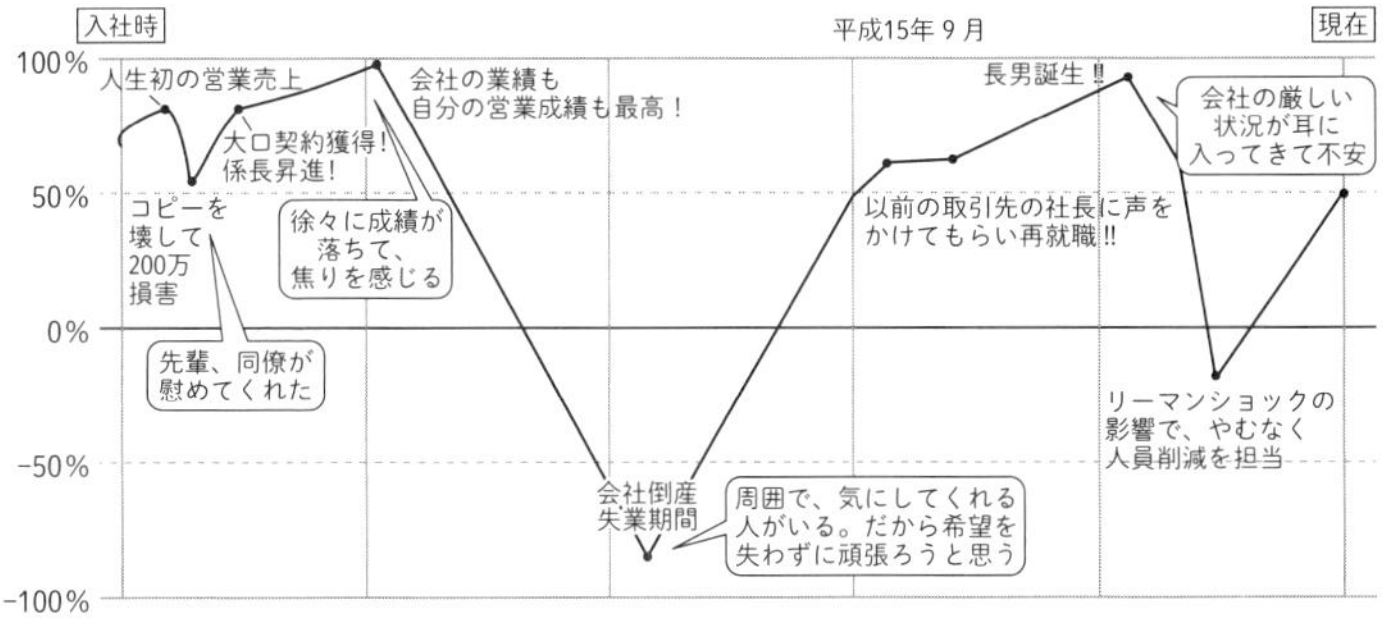

入社時
平成15年９月
現在
100%
50%
0%
-50%
-100%
人生初の営業売上
大口契約獲得！
係長昇進！
コピーを壊して200万損害
先輩、同僚が慰めてくれた
徐々に成績が落ちて、焦りを感じる
会社の業績も
自分の営業成績も最高！
会社倒産
失業期間
周囲で、気にしてくれる人がいる。だから希望を失わずに頑張ろうと思う
以前の取引先の社長に声をかけてもらい再就職!!
長男誕生!!
会社の厳しい状況が耳に入ってきて不安
リーマンショックの影響で、やむなく人員削減を担当

出所：厚生労働省（2017）「厚生労働省平成29年度労働者等のキャリア形成における課題に応じたキャリアコンサルティング技法の開発に関する調査・研究事業」をもとに筆者加筆修正

このグラフの現在以降のまだ未記入の部分の満足度を上げて行くにはどうすれば良いのかを考える。

田中（２０１９）によれば、ダグラス・ホールは社会や環境の変化に応じて柔軟に変わることのできる「プロティアン・キャリア」で大切にするのは「**自らのやりがいや目的を達成したことで得る心理的な成功**」（田中 ２０１９ 64頁）だと述べている。この「**心理的な成功」とはライフラインチャート上の「満足度」が他の誰でもない自分自身の尺度で設定した閾値を超えた状態**と定義することができる。

SWOT分析

ＳＷＯＴ分析は一般的には事業計画の策定やマーケティング分析で使われるものだが、自分自身を知るためにも使われる。ＳＷＯＴとは、強み

（Strengths）、弱み（Weaknesses）、機会（Opportunities）、脅威（Threats）の4つの頭文字からなる。

ＳＷＯＴ分析では、まず、強み、弱みとして、自分の好きなこと、嫌いなこと、得意なこと、苦手なことを書き出してみる。この「書き出す」という作業も大事なことである。文字にしてみることで、「そうそう、そうなのよ」、「イヤ、それほどでもないかもしれない」と改めて自分を見つめ直すことができる。好きなことについては、自分がワクワクすること、夢中になれることだけでなく、なんとなく好きくらいのものでもいいのでと促すと、ある程度書き出すことができるが、得意なことについては悩む人も多い。自己肯定感が低いわけではなくても日本人の特性だろうか、謙虚な人が多く、「得意」とまで言い切れるものはなかなか見つからない。褒められた経験も得意なことと促している（図３-９）。ここでは、「リーダーシップ」や「プレゼンテーション」、「交渉・説得」などのような仕事上のことだけでなく、生活全般の中で考え、例えば好きなことの中に「子どもの笑い声」や、得意なことに「料理」があってもいい。セカンドキャリアでは、それまでの自身の所属する組織の枠組みから離れ、生活者視線で新たな活躍の場を模索するケースもあるからである。「**大切なのは、自分らしく働いてアイデンティティを確立することと同時に、それが市場や組織から求められていること、この状態が最も理想的なのです。**」（田中　２０１９　56頁）と田中（２０１９）が言うように、市場や組織に受入れられてセカンドキャリアとして成立する。

図3-9 自分の強み・弱み（サンプル）

自分の強み	■好きなこと （ワクワクすること、夢中になれること） ・プレゼンテーション ・新しいことにチャレンジすること ・仲間と何かを成し遂げること ・子どもの笑い声・旅行 ・誰かの役にたつこと ・身体を動かすこと	■得意なこと（褒められたこと） ・文章を書くこと ・物事の図式化 ・初対面の人と話すこと ・他部門や他の人を巻き込むこと ・英語 ・字がきれい ・料理 ・行動的 ・異文化に慣れている
自分の弱み	■嫌いなこと ・時間に追われること ・人混み ・満員電車 ・毎日同じ事を繰り返すこと ・人に命令されること	■苦手なこと ・朝、早いこと ・集団行動 ・論理立てて話すこと ・交渉ごと ・数字を扱うこと

出所：筆者作成

研修では、「クライアントがあなたに支払う報酬」、「転職先の会社があなたに支払う給与」だけでなく、「今の会社があなたに支払う給与」も意識し、会社に残ることも選択肢の1つとして、現在、所属する組織も「市場」の1つと捉えていく。

次に、得意・不得意、好き・嫌いの4象限に整理してみる（図3－10）。これまでの仕事上では、自分の弱みは克服する努力が求められたが、セカンドキャリアにおいてはその必要はない。そのため、好きでもなく、得意でもない第3象限のことは考える必要はない。好きで得意なことをセカンドキャリアにしていくのが理想ではあるが、現在、得意ではなくても好きならそのうち得意になるかもしれない。あるいはあまり好きではなかったとしても得意なこと、人より楽にできることは自分の武器の1つになり得る。

武器はたくさんある方がいい。たった1つのことを

図3-10　得意・不得意、好き・嫌いの4象限

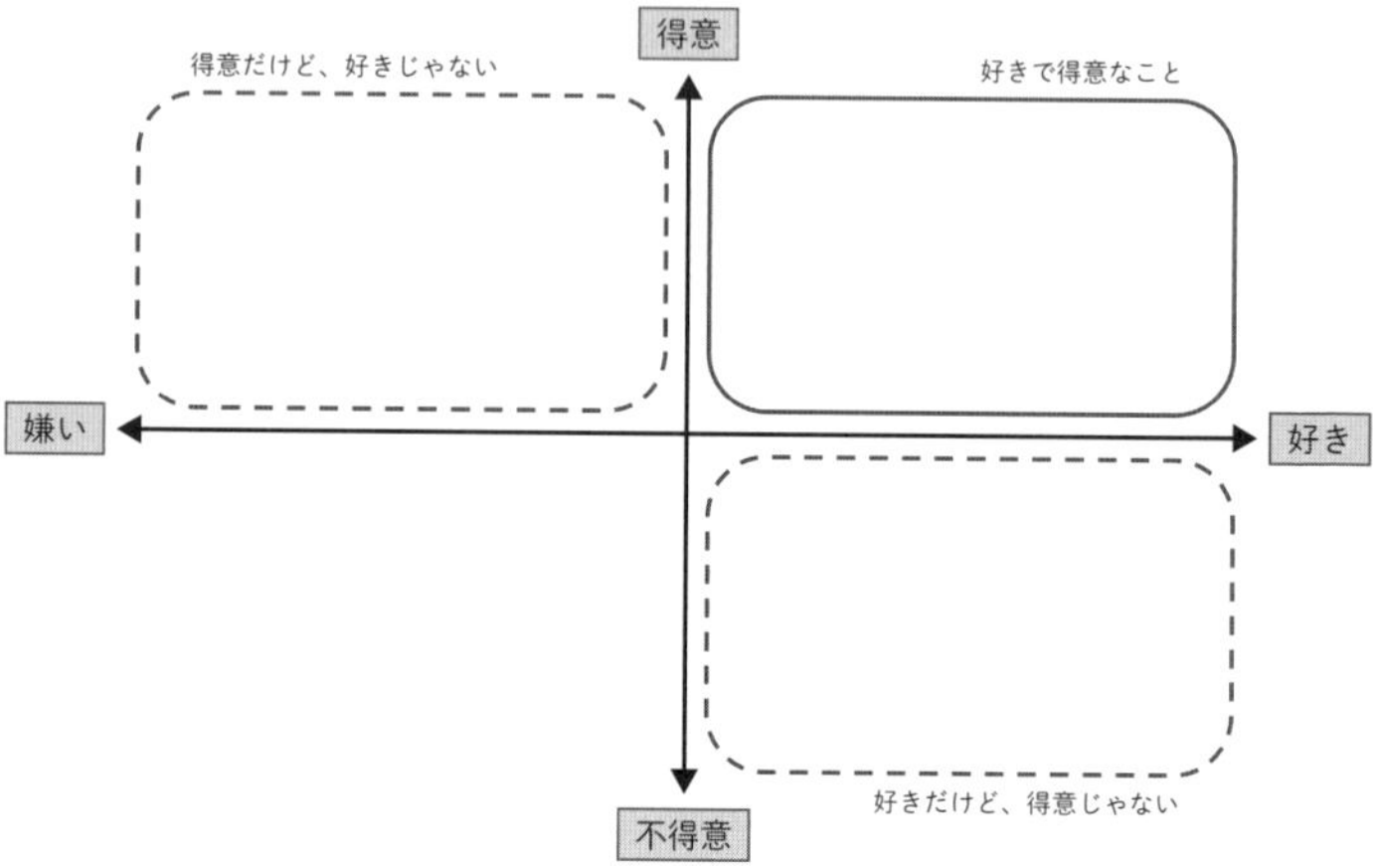

出所：筆者作成

極めるのもいいが、ある程度できることを掛け算で組み合わせていくことで、誰にもまねのできないユニークな力となる。

ＳＷＯＴの後半、機会や脅威には、社会的なことと個人的なこととの両方がある（図3-11）。例えば、社会的な機会には、「コロナ渦で在宅ワークが増え、自宅をより快適にしたい人が増えている」や、脅威としては「ＡＩの進歩で今の仕事がなくなる可能性が高い」などがある。一方、個人的な機会には、「子どもたちが皆、社会人になった」、脅威には「遠方にいる両親が高齢で心配」などを挙げる人もいるだろう。

ＳＷＯＴ分析は自己を知るだけでなく、自身の可能性を考えることにも有効だ。

例えば、「自治体の女性起業家支援プログ

図3-11 機会・脅威（サンプル）

	機会	脅威
社会的	・訪日外国人が増えている ・早期退職者募集の動きがある ・社内の新規事業部門で人員募集 ・女性幹部登用の動き ・女性起業家支援（補助金） ・雇用延長	・AI導入で今の仕事も将来なくなる ・年金支給開始年齢が遅くなるかも ・景気の減退でものが売れない ・円安
個人的	・子どもたちはもう社会人になった ・実家の親は今のところ健康で当分介護の心配はなさそう ・退職金も出るし経済的にはなんとかなる	・まだ子どもの学費がかかる ・遠方にいる両親が高齢で心配 ・最近体力に衰えを感じる

出所：筆者作成

ラム」という機会を利用して、自分の好きな『子どもたちの笑い声』が聞こえる事業を展開できないか。など、さまざまな機会を自分の強みで活かしてセカンドキャリアにつなげることを考えることもできる。

あるいは、さまざまな障害をセカンドキャリアに踏み出さない言い訳にしないために、自分の強みで脅威にどう対処していくかを考えていく。例えば、「遠方にいる両親が高齢で心配」という脅威には、「他の人を巻き込むこと」が得意であれば、両親の近所の人に、時々様子を見てもらうように頼んでおくという行動がとれる。

ＳＷＯＴ分析は今後の**自己のキャリア戦略**を考える助けとなる。

5 「本当にやりたいこと呪縛」から抜け出す

自己を分析した後は有りたい姿を描いていく。

研修に参加する女性たちの中には、自分の「本当にやりたいこと」を見つけるのに焦っている人たちも多い。自分のやりたいことは何なのか、これまで「やりたいこと」よりも「やるべきこと」を優先してきたことで、「やりたいこと」が見つかっても、これが本当に自分がやりたいことだろうかと自問する。「本当に」やりたいことを見つけなければいけないと、これがまるで最後のチャンスでもあるかのように、自分にとって唯一の「本当にやりたいこと」を探している。「**本当にやりたいこと呪縛**」に囚われ、間違ってはいけないと一歩前へ踏み出すことを躊躇している。

確かに徹底的に自分に向き合って「やりたいこと」を見つけることは大事である。だが、「やりたいこと」は人生で1つではないはずだ。いくつかあるやりたいことの1つにまずは向かうと考えれば気も楽になる。とりあえず、今、現時点の目標を定めることである。そうして、やりたいことを実現している自分の姿を「有りたい姿」として描く。

有りたい姿には2つの視点でアプローチする。1つは夢を描くこと。夢からのアプローチでセカンドキャリアへのワクワク感が生まれる。

もう1つはロードマップを描いていくことである。

研修の参加者は40代から60代までさまざまで、企業の中期計画などとは違い、ゴールの位置づけもそれぞれで、「有りたい姿」がいつの時点であるかは各自に任される。10年後と設定する人、60歳、70歳、あるいは80歳と設定する人もいる。そのゴールの時点でどうなっていたいのかをまずは、具体的に描いてみる。仕事だけでなく、家族や友人との関係性も含めてどう有りたいかである。大事なことは有りたい姿をイメージすること。イメージできないものは実現できない。実現していくために、有りたい姿を、より具体的に描いていく。

筆者たちが考える、セカンドキャリアを考えるうえで最も大事なことは「**セカンドキャリアで何を手に入れたいか**」だ。これが、今後の多くの選択肢の判断基準となっていく。研修では、受講生たちに「セカンドキャリアで何を手に入れたいのか」を、研修を通してずっと問い続けている。「お金」を手に入れたいという受講生には、「お金」は何のために手に入れたいのか、それで得るものは何かを考えさせる。ロードマップのゴールで「手に入れたいもの」は手に入っているだろうか。これは言い換えれば、ダグラス・ホールの「心理的成功」を手に入れることとも言える。

それが確認できたら次のステップに進む。具体的な有りたい姿を実現するためには、現在と有りたい姿との間のギャップを埋めることが必要だが、一気に数年から数十年ものギャップを埋めるのは難しい。そこで、ゴールを描いたロードマップにマイルストーンを設定し、バックキャスティングしていく。そして、最終的には直近1年後の有りたい姿とのギャップを埋めていくことを考える。ずっと先のゴールでは先が遠すぎて具体的になかなか動けないが、1年後なら、たった365日しかない。大半の受講生は現役で働いているので時間的にできることは限られている。そんな中、自分の今の現状からどれくらいのことならできそうか、仕事や家族の状況から、この365日をどう使えばいいのかと、ある程度、計画を練ることは可能だ。

6 キャリア資本を蓄積するためのアクションプラン

定年が視野に入ってきた多くの人が定年後どうしようかと悩んでいる。だが、考えているだけでは何も生まれない。行動に移すことが大事である。ではどういう行動をすればいいのかを具体的にしていくのが、アクションプラン（行動計画）である。

自分の持つリソースと照らし合わせて、1年後の具体的な目標（有りたい姿）とのギャップを明確にし、ギャップを埋めるためのアクションを考える。

リンダ・グラットンら（2021）は、**「人生の移行に関して未来志向の考え方をし、未来の**

『ありうる自己像』への投資を増やす覚悟を持たなければならない」（グラットンら　２０２１　１５６頁）と述べ、さらに、「未来の『ありうる自己像』を検討する際は、未来を予測しようとするより、自らが目指す未来を構築して探索するうえでどのようなステップが必要かという理解を深めることを重んじるべきだ。」（グラットンら　２０２１　１６１頁）と指摘している。**目標**（**有りたい姿**）**とのギャップを埋めるための具体的なアクションは、「未来の『ありうる自己像』への投資を増やす」ためのアクション**と言うことができる。

一方、ダグラス・ホールの提唱したプロティアン・キャリアを継承し、現代版「プロティアン・キャリア」を提唱している田中（２０１９）は、「資本（資産）」という観点からキャリアを捉えている。

田中は、「これまでの経験はすでに資産化されているので、そのうえでどんな資産を増やすのか、戦略的に考える必要がある」（田中　２０１９　80頁）と述べ、**「ビジネス資本」、「社会関係資本」、「経済資本」からなる「キャリア資本」を、戦略的・計画的に蓄積していくことの重要性**を指摘している。田中（２０１９）は、ビジネスパーソンの「キャリア資本」として、「ビジネス資本」とは「ビジネスシーンでのキャリア形成を通じて得られる知識やスキル、立ち振る舞い、その人の身体に刻まれたもの」（田中　２０１９　91頁）、「社会関係資本」とは「ビジネスパーソン同士の信頼関係からなる、ネットワークの集積のこと」（田中　２０１９　91、93頁）、そして「経済資本」とは「金銭や諸々の財産など、経済的な資源のこと」（田中２０１９ 93頁）と定義している。

アクションプランのリソースには、知識・スキル、経験、資格、人脈、資金、体力・健康、その他の分類があるが、そのうち、知識・スキル、経験、資格は「ビジネス資本」に、人脈は「社会関係資本」に、そして資金は「経済資本」に分類することができる。

長年、働き続けたことで、知識・スキル、経験、資格などのビジネス資本は蓄積されてきているが、それらが必要充分とは限らない。ここで意識するのは、「市場価値」である。会社に残ることを選択する人にとっても、会社を1つの「市場」として捉えて、自分の「市場価値」を意識していくことが求められる。「市場価値」を高め、有りたい姿を実現するために不足するリソースは何かを考える。

自身の望むセカンドキャリアを実現するために不足するリソースを、今後、いつまでにどうやって補っていくかを、体力・健康やその他のリソースも含め、戦略的に考え、そのための行動計画を考えるのがアクションプランである。

アクションプランには、ギャップを埋めるのに必要なアクションをタスクレベルに落とし込み、優先順位をつけ、いつまでに実現するかを書き込んでいく（図3-12）。

何よりも大事なことは実際のアクションに移すことである。**あれこれ考えているよりも行動することが大事**だ。行動することで誤りも見つかる。違っていたと思えば、ピボットしていけ

図3-12　現状とのギャップを埋める

キャリア資本	リソース	現状	ギャップ	1年後
ビジネス資本	知識・スキル		←→	
	経験			
	資格			
社会関係資本	人脈			
経済資本	資金		このギャップを埋める	
	体力・健康			
	その他			

出所：筆者作成

ばいい。頭で考えていても何も状況は変わらない。筆者たちは**「1ミリでも前へ」**と伝えている。そのためのアクションプランだが、実際、ほとんどの場合、計画どおりにはならない。それでも計画をつくることが大事だ。「星の王子さま」の著者であるサン・テグジュペリ(4)の言葉に、「**計画のない目標は、ただの願いごと**」という言葉がある。単に願っているだけでは状況は変えられない。計画をつくって、目標達成のためのアクションを起こすこと。それによって目の前が広がっていく。

さらに、研修の中で重視していることは、「他者の視点」である。

特に重要なことは、ジョハリの窓(5)の「盲点の窓」に分類される「**他人は知っているけれど、自分では気づいていない自分**」**の存在を知ること**にある。先にも述べたように自分のことは案外自分ではわからない。そこで研修ではグループワークを多く取り入れ、他の人からアドバイスをもらうようにしている。例えば、有りたい自分を具体化していく時に、他の人から「これってどういうこと？」と質問されることで、自分でも曖昧だったことに気がついていく。また、アクションとして「こういうこともやってみたら？」、「こんなこともできるんじゃない？」とアドバイスがもらえる。一方、他の人のことを考えることで、自分のプランにも取り入れようという気づきにもなっていく。

セカンドキャリアの話題で多く聞かれるのが、自分には何もできることがない。という声である。女性管理職たちは、自分の積み上げてきた仕事に対する自負を持ち、自己肯定感も比較的高い。しかし、自分のスキルや経験が社外でどれだけ通用するのか自信が持てない人も多い。情報通信企業で部長を務めた桂木恭子も「自分にはプロと呼べるものがない。対外的なことも会社の看板があったからこそ」と語っていたが、1つの世界に長くいると、そこでのスキルや経験は当たり前のものになり、自己のキャリア資本と捉えにくい。グループワークでこれまで接点のなかった異なる業種、異なる職種の女性たちと会話することで、自分の保有するスキルは誰もが持つものではないということに気づくこともある。

グループワークとともに重視しているのは定期的な報告会である。集合研修（現在はオンラインで実施）の研修自体は3日間（延べ2日）で終了するが、その後の1年間は定期的なフォローを行っている。通常、こういったセミナーや研修は、受講時はその気になるが、終了するとテキストを書棚にしまい、日常の忙しさに研修内容を忘れてしまうことが多い。筆者（西村）自身の反省から、研修生にはリマインドのために定期的なフォローを実施している。

さらに、数カ月に一度の報告会も実施している。報告会では、各自に現状の報告をしてもらうのだが、これが刺激になると言われている。**「講習を通して周りのみんなもどんどん将来に向けてアクションを始めているのがすごいと思いました。私も皆様を見習っていろいろ進めていきたいと思います。」**（受講生アンケートより）。他の人が何かアクションを起こしていることに自分もやらなければと、思いを新たにする。基本的には一緒に研修を受講した期ごとの報告会だが他の期の人も参加可能としている。他の人の話を聞くことがとても参考になると自分の期ではないが、時間さえ合えば参加するという受講生も多い。

7　社外でのネットワーク形成

受講者のほとんどが、もともと紅一点で職場では自身の内面をさらけ出せる友人がいなかったり、パイオニアとして誰にも相談できない「孤独感」を感じていたため、受講後のアンケートでも、理解してもらえる仲間ができた、刺激を受けたと社外に人的ネットワークができた喜びを口にしている（以下、（　）は受講期）。

「横のつながりができるのは心強くて素敵だと思います」（1期生）

「会社に女性の先輩が少なく、仕事のこと将来のことを話せる環境ではなかったので、今回こちらに参加できてとてもよかったです。」（2期生）

「自分とは異なるフィールドで頑張っているキャリアを持つ方々と同じ時間を共有でき、大変勉強になりました。」（3期生）

「特に同年代の女性がどのように考えているか、グループワークで知ることができたのは励みにもなりました。」（4期生）

「社内では見つけにくい同じような環境にある同世代の女性との有意義なネットワークができたこと。」（5期生）

「一緒に進む仲間ができたことがとても嬉しいです。」（6期生）

外資系金融企業で部長を務めた中野美枝もインタビューで、研修で得たネットワークについて次のように語っている。

「何人か親しくして頂ける人もできて自分自身50代半ば過ぎて新しく友人ができるってあまり考えてなかったのでそれも全然違う業界の方で、それは1つ財産かなっていう風に思いました。まあ言い換えるとネットワークなのかもしれないですね、あとはやっぱり、実際に行動に移すっていう意識みたいなものがセミナーで与えられたっていうのと、結構同じような悩みの人がいるんだなって改めて感じてそういう面でもよかったかなと思います。」（中野 2022年8月20日）

本研修が刺激となり行動変容に結びついた人も少なくない。研修生有志によるイベントの企画に、今までは家と会社の往復だけだったのに自分で動かなくてはと多忙な中、自ら手を挙げメンバーになり積極的に活動に貢献している人もいる。こういった行動変容が、セカンドキャリア実現に向けての行動にも影響を与えている。

註

（1）資生堂 スキンケア化粧品ブランド「アクテアハート」のＣＭ。
（2）ユーザーローカルＡＩテキストマイニングによる分析（https://textmining. userlocal. jp/）。
（3）テキストマイニングでは一般的な単語は頻出しても意味がないため、「調査対象の文書だけによく出現する単語は重視する」仕組みを取り入れており、特徴語を抽出するためのロジックとして、一般的にＴＦ－ＩＤＦ法という統計処理を行っている。スコアが高い単語は、そのテキストを特徴づける単語であると言える（https://ja. wikipedia. org/wiki/Tf-idf）（出所：ユーザローカル社ＦＡＱ）。

（4）サン・テグジュペリ：フランスの作家、数多くの名言を残し、"A goal without a plan is just a wish."もその1つ。

（5）ジョハリの窓：心理学者のジョセフ・ルフトとハリントン・インガムによって考案された概念。自己と他者から見た自己の領域を4象限で表現している。

第4章

定年後のプロティアン・キャリア

女性管理職の中には、定年後のキャリアとして起業を選択した人（桂木、坂下）、個人事業主として独立した人（黒川、秋本）、別の起業へ転職した人（山田、中野、田上）、会社に残る決断をした人（小宮、牧瀬、笠原）がいる。それぞれのキャリア選択の理由はなんだったのだろうか。

1　起業・個人事業主

情報通信企業で部長職だった桂木恭子は、仕事が好きで、仕事がない人生が不安だと、自分で終わりを決められる「起業」という道を選択している。また、外資金融から国内製造業に移った経験を持つ坂下弥生は「完全に自分の中で整理がついた」、「やりたいことが決まっている」と、自分のやりたいこととして「起業」へ踏み出している。一方、メディア業界にいた黒川碧は最初から社外への転身を考えていたわけではない。希望していたことが叶わないとわかった時点で自分に向き合い、社内では選択肢がなく、「やりたいことができないのにわざわざいる必要がない」と、自分のやりたいことを優先しようとした結果として「起業」という選択肢を選んでいる。

「残ったらそれなりの何かがあったとは思うんですね、人事系の経営戦略とか、人事系の何か担当者みたいな感じの、でもまあ便利屋のようになってたという気もするので、私のやりたいことがもうやれないっていうのがそこでわかって、**やりたいことができないのにわざわざいる必要がないなと思ったので…**、キャリコンの資格も取ってるし若い人たちや女性のキャリア開発を支援したい。私も病気をしたっていうのもあるので、途中でリタイヤしなくても大丈夫なんだよって（支援する仕事を）キャリコンとしてできるんじゃないかなと思って…やっぱり外で（何か）やるってことになった時に、そういうことやりたいなっていうのを見つけて、そっちの方で起業という形でやってみようかなぁって…」（黒川 2022年4月23日）

サービス業で主幹を務めた秋本由希も定年の3年ほど前から考え続け、会社を離れる選択をしている。仕事は忙しく、特に最後の年は多忙を極め、精神的にもきつかった。この状況のまま再雇用になってしまうと、もたないと感じた。いくら再雇用といっても、おそらく8割か7割かの仕事量をそのままやり続けなければいけないというのがほぼ見えていたのもある。もともと定年で区切ろうという思いもあった。どういう風に区切りをつけるべきか、定年の3年ほど前から考え始めていた。結局、最終的に決めたのは半年ほど前だった。「**仕事自体は面白いんだけど自分の中で区切りをつけたいっていう思いの方がすごく強くなって**、残ると残らないが半々ではなくて、残らないようにするためにはどうしたらいいかを逆に考え始めてたっていうところがあります。最終的には残らないっていうことを選ぶ方に舵を切っちゃってました。」と社外へ出ることを決断した。最終的に独立した秋本は、定年退職後に一度、転職している。

当初、独立は考えていなかったと語った。

「独立はもともと考えていませんでした。キャリアの支援に関わる仕事をしたいと、辞めた当初にすぐに再就職をしたんです。その時点で一旦希望は叶ったというところはあるんですが…。キャリア支援の経験は今後も積んでいきたいとはもちろん思っているんですけれども、働き方としてはそこの再就職先でずっと何年か続けるってことではなくて、違う経験をもうちょっと自分の中で探していけるようにしたいというふうには思うようになって。それが、**ビジネスとして成立するかどうかは別としても、それだからこそ定年後の働き方の自由さなのかなと思ってそれ**（独立）を選択したって感じですね。多分、60前だったら逆に選択しなかったとは思うんですけど…**同じところで長く勤め続けなければならない、とか、そのためにある程度我慢すべきこともある、というような価値観から定年後はもう自由になろうかなぁって**自分で思ったというところですね。（定年後に他の組織では働いたのは）とても意味があったなぁとは思ってます。まあ関わったことがない領域だったので逆に切り替えてリセットして思い切ってよかったのかなっていう部分はもちろんあります。**あの1年がなかったら逆に今の仕事**（個人事業主として業務委託）**っていうのも考えられなかったので、**そういう意味では、意味があったのかなって思っています」（秋本　２０２２年４月27日）

黒川は会社でやりたいことがあり、それが叶うなら会社に残ったであろうが、それが無理とわかって社外へ出ることを選択している。秋本は社外へ出ることは決めたが最初は転職という形で、その後結局、独立の道へ進んでいる。

法人設立か個人事業主かの違いはあるが、桂木、坂下、黒川、秋本の４人とも**自分のやりたいことや望む働き方を追求した結果**が、社外への転出であり、「起業」だった。桂木は「自分で終わりを決められるから」、黒川は「自分で仕事を選択したかったから」と、「起業」を選択した理由を語っており、**「仕事への決定権」を自分が持つということが最終的な「起業」選択の要因**になっている。

これについて黒川は、「人事部長としての長年の経験や、会社の記念イベントの企画運営責任者の経験」が、転職ではなく「起業」という選択に結びついたと語っており、「やりたいことを実現するにはポジションが必要」という管理職として経験が影響していると考えられる。起業に踏み出した4人ともビジネスとしての成功が見えていたわけではない。その気持ちを秋本は「ビジネスとして成立するかどうかは別としても、それだからこそ定年後の働き方の自由さなのかなと思って…」と語っているが、まさにセカンドキャリアだからこその選択である。

2 早期退職、その後、転職

山田香は勤務先の情報通信企業で早期退職者募集に応募し転職している。

「早期退職の募集が会社を辞める直接のきっかけなんですけど、50歳になった時に55までに会社を辞めようっていうのは決めてたんですね。役職離任、55になったら。その後、今のところに残るのってあんまり考えられなかった。今の会社も良いけれど、外の世界も見てみたいと考えるようにもなっていました。役職離任までにはどこか他のところへの再就職考えようと漠然と思ってました。でも、何も行動してなかったんですね。で、早期退職の話が来たんでこれは絶対、神様が早く転身を考えなさいって言ってるんだなと思って、これはチャンスだと思ったんですね。**結構やり尽くした感もあって、もうこれ以上、やることがあるかってちょっと思い始めた頃だったんですね。私がいなくなっても、ここはまったく困らないし、**私はちょっと他で新しいチャレンジっていうのもすべきでしょうし、今回チャンスを逃すまいと思って辞めたって感じですね。」（山田　2022年6月3日）

山田の勤務先に限らず、この時期多くの大手企業が大規模に早期退職者を募集している。東京商工リサーチの調査[1]によると、２０１９年１年間に早期・希望退職者を募集した上場企業は延べ36社、対象人数は１万１３５１人に達した。社数、人数は２０１４年以降の年間実績を上回り、過去５年間では最多を更新している。直近決算で最終赤字、減収減益の企業よりも、足もとの業績が堅調な業界大手が構造改革の一貫として実施しているケースが多い。それらの企業は早期退職優遇制度としての退職金の上乗せや、グループ外への転進を希望する従業員に対して転職活動の支援を行っている。

山田のように、転職や起業・独立など今後のキャリアを考えていた人たちにはチャンスとなり積極的に手を挙げた人も多い。一方で、今後の自分のキャリアについて何も考えていなかった人たちは、割増退職金の魅力と安定した職との間で多いに迷い、その結果、募集枠に間に合わなかった人もいる。だが、シニアの転職活動が厳しいのは周知の事実で、一般的にミドル・シニアの転職活動では歳の数だけ応募書類を出すとも言われている。山田も転職時は不安を覚えたという。

「(転職活動で)応募書類は多分12通ぐらい出しました。最初は未経験の全然別の分野も考えていたんですけど、エージェントのアドバイスで、『あーそうか、そうよね、歳もとってるし、イチから勉強させてくださいっていうような人とってくれないわよね』って、気がつき、じゃあもう自分の得意分野でいくしかないと思って…**書類で落ち続けた時は、あー面接行けないいんだって本当に凄く不安に思ったんですよ。あーそうなんだ、必要とされてないんだって、**ここの会社って若い人欲しいんだっていうところにも無理矢理送ったっていうところもありましたけれど…、現実はこうなんだって、やっぱりショックでした。」(山田 2022年6月3日)

図4-1　年齢階級別転職入職率

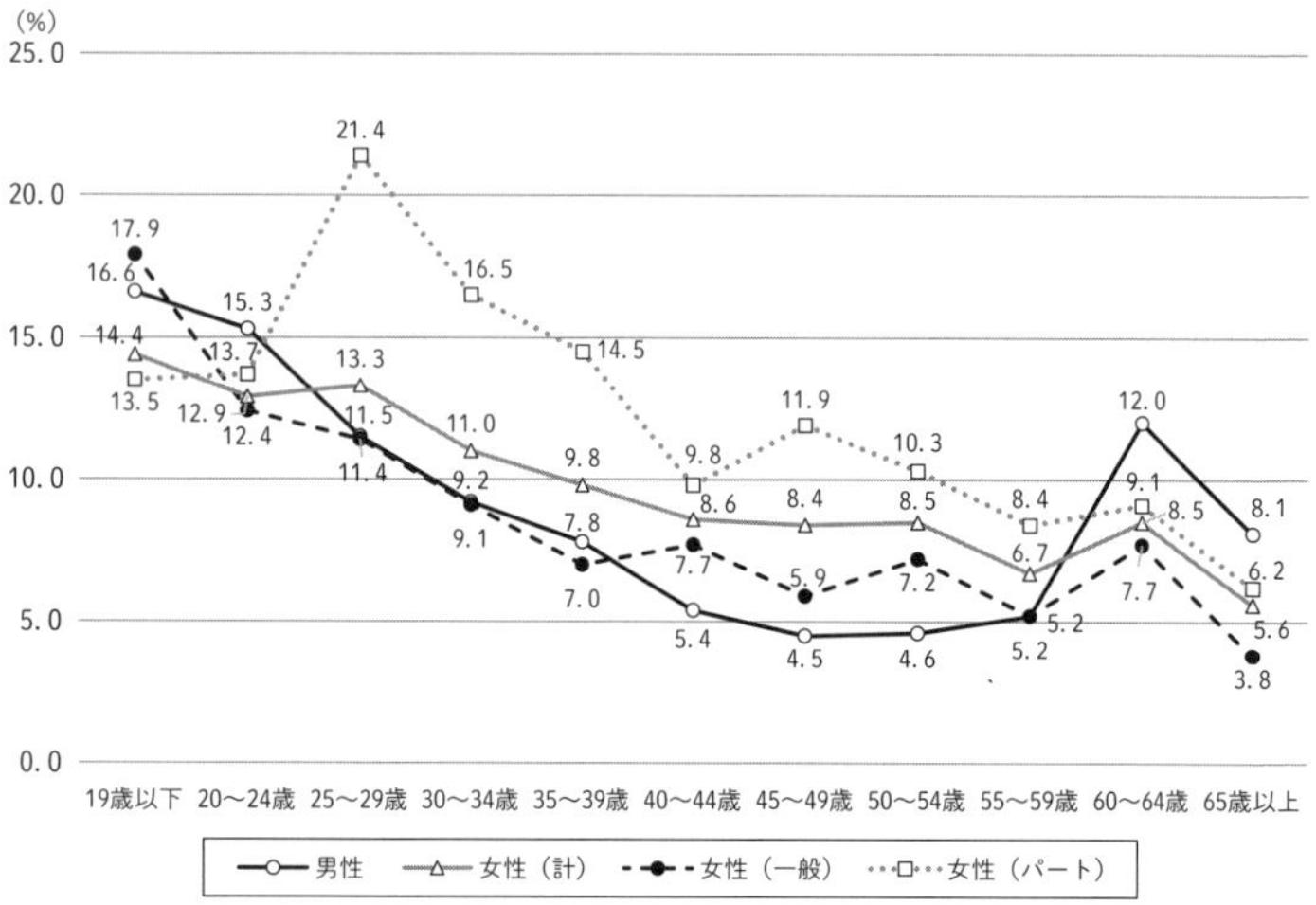

出所：厚生労働省（2021）「令和３年雇用動向調査結果の概要」をもとに筆者作成

厚生労働省（２０２１）「令和3年雇用動向調査結果の概要」によると、性、年齢階級別の転職入職率[2]は、年齢が上がるとともに下降しているが、60〜64歳でいったん上昇する（図**4**-**1**）。これは定年後の転職を意味すると思われる。だが、男性と比べて女性の、特にパートではなく一般女性の転職入職率は低く、男性から４．３ポイントの開きがあり、男性シニア以上に女性シニアの転職の難しさを表わしている。

製造業で課長職だった田上葉子も転職を選択した。田上も転職先を見つけるのには苦労している。彼女は役職定年後に早期退職して別の会社に転職したが、彼女の場合はよく知っている年下の女性が上司となり、なんとなく居づらさを感じたのが辞めるこ

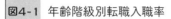

とを考え始めたきっかけだったという。

「その頃には同期の男性は子会社に行ったりして周囲に同期が誰もいなくて、閉塞感を感じていました。外の方が何かやりたいものがあるかなって外に夢を抱いた感じでしたね。ただ、実際にはリーマンショックの後だったのと50代での転職活動は大変で3年かかりました。」（田上　2022年10月29日）

中野美枝の場合は逆に、役職定年で部長職を降りる少し前に外資系金融企業を早期退職して、別の会社に転職している。それは、突然会社から畑違いの部署に異動を命じられ、モチベーションが下がったのがきっかけだったと語った。

「ずっと会計とか経理とかファイナンスをやってきたんですけど、異動でまったく分野の違う仕事になった時はモチベーションが正直言って下がったかな、チャレンジするっていうこと自体は自分でもすごくやってみたいと思ったんですけどね、やっぱり自分の持ってるものと違ったり、性格と違ったりしたので…あの時は会社の方でチャレンジしてみないかって言われて、じゃあって異動したんですけど…（今後の役職定年を考えると）ちょっと不安というか、その先どうなるのかなっていうのが、特に女性で管理職になっていて役職定年迎えるって人があまりいなくて…男性管理職でも言葉を選ばずに言うと、まあとりあえずここ人が足りないから管理職の経験もあるし行ってねとか、ここに残って人育ててね、みたいな、そういうふわっとしたものしかなくて、**役職定年って、自分で選べない仕事になるだろうなって、多分面白くないだろうなーって思っていて、じゃあ自分らしくって何だろうって思った時にやっぱりグローバルで自分のスキルとか活かせるっていうところに自分自身喜び感じるなって**思ったので、他の会社見てみようかなって思ったんですね。（転職先の給料については）本当にこだわらなかったです。エージェントによってはもうちょっと高いとこ狙ってとかいろいろ言われたんですけど、そちらよりもグローバルとか、自分の経験が活かせたりとか、そういうことをメインで選びました。」（中野 2022年8月20日）

総務省統計局（2021）「労働力調査」によると、我が国の就業者総数に占める55歳以上の就業者の割合（2021年9月）は55歳〜64歳で17・4％、65歳以上で13・8％、合計で31・2％と全体の3割を超える。今野（2014）は企業の高齢社員の働きぶりを評価しない企業が多く、成果を期待することなく高齢社員を雇用する企業が多い点を指摘し、「政府の高齢者雇用政策に協力するため、あるいは、高齢者に雇用機会を提供するという社会的責任を果たすためであるとしても、こうした状況を『雇用』と呼ぶことは難しく、『福祉的雇用』と呼ぶ方が適当だろう。」（今野 2014 97頁）と述べている。

今野（2014）の指摘から8年が経ち、3割を超える高齢就業者を抱える企業はもう「福祉的雇用」を続けられる状況ではなく、「シニアの活用」に真剣に向き合って行かざるを得ない。

日本経済団体連合会（2006）の「主体的なキャリア形成の必要性と支援のあり方－組織と個人の視点のマッチングー」によると、経団連（当時日経連）は、企業における従業員個人のキャリア自律支援の必要性を今から20年以上も前に提唱し、その後、2007年からの団塊の世代の大量定年退職を迎えるにあたり、「団塊の世代の退職に備えて、技術・技能、ノウハウをいかに伝承するかという捉え方だけではなく、従業員自身の意識改革、人事・処遇システム全体の見直しを含めて考えていくことが大事である。」（2006）と述べ、高齢就業者自身の「キャリア自律」の意識と、それを支援する仕組みの必要性についても言及した。だが、キャリア構築を会社側に委ねることに慣れ、自ら自身のキャリアを考える人は少なかった。

そんな中、中野は違った。自分で選べない仕事は面白くないだろう、自分らしくって何だろうと自らのキャリアに向き合った結果、転職という道を選んでいる。さらに、自らのさまざまなキャリアの経験がこの選択に影響していると語っている。

「やっぱりいろいろな経験を積むことができたっていうことですね、プロジェクトにしても管理職にしても人とのつながりにしても…特にグローバルにいろんな人と会ったりいろんな視点が自分の中についてたっていうことはあるのかなーって思いますね。海外とかですと転職っていうのがよく起こる話で、まあいろんな年齢であっても、いろいろな働き方もあるんだっていうのを前の仕事で人と関わることで知識とか経験としてあったので、やっぱり今回の選択肢を選ぶにあたってもそういうのは影響してるかなと思いますね。いろんな経験をすることができて、その中で成果を残して来たっていうことが、今回の転職に影響を与えていると思いますし、後は意志、こうしたいということを自分なりにきちんと説明できるっていうところが影響しているかなと思います。」（中野　２０２２年8月20日）

山田も「ファーストキャリアの経験すべて」が、セカンドキャリアとしての選択に影響している、前職で関わってきたことがすべて活かせる形で、面接時も評価され、転職につながったと語る。

「起業」した四人と同様に、山田や中野は自分のやりたいことを追求した結果の社外転身だった。田上も具体的なやりたいことがあったわけではなかったが、「外の方が何かやりたいものがあるかな」と、やはり「やりたいこと」を重視している。彼女たち三人に共通しているのは、起業・独立には関心がなかったという点である。「起業・独立に興味はありませんでした。自分の性格上、起業は向いていないと思っていました。」(中野)、「選択肢にはありませんでした。」(山田)、「もともと65まで勤めるつもりでしたので、起業・独立という発想すらありませんでした。」(田上)と、三人とも「仕事への決定権」にはこだわっていない。

3　会社に残る

小宮遼子の場合は、定年前に何度か自身の将来を考える機会があった。小宮は情報通信企業で人材開発部門の部長職だった。新しいマネージャー向け人材開発手法に出会い、これを社内に広げて行こうと思った翌年にグループ企業全体で大きなリソースシフトの動きがあり、コーポレート部門は営業やSEあるいは社外など別のところで新たな挑戦をする選択が迫られた。破格の割増し金が提示され、社外への転身を選択する人も多い中、役職定年を数年後に控えて、小宮は迷った結果、会社に残る選択をしている。

小宮はキャリア選択に悩んだ際に、何ができるのか棚卸しを行い、スキルや人脈を整理した。好きなこと、嫌いなことも書き出して、社内外の方々に相談した。そこで見えてきたのは、さまざまな経験があるものの、自分に自身が持てないこと、勇気もないこと、新しい環境に踏み出すことができていないことなどが明らかになってきた。

今までいろいろな人に守られて生きてきたということを改めて痛感した。人に守られていないと動けないとか、人の前を行くのは苦手だったり、後ろから付いていくのが好きだということが、自分らしい生き方であるということにも気がつくことができた。


「まあ、それ（新しい手法を広めていくこと）も1つ大きい理由です。でもやっぱり自信がなかった、新しい環境に飛び込む勇気がなかった、っていうのが一番の理由かな。**今の自分のスキルっていうのが、市場での価値が自分の中ではね、わからないっていうか、どうしても低く思ってしまう**じゃないですか。」（小宮 2022年6月9日）

小宮は自分の棚卸しをして社内外の人にも相談したが、結局、新しい環境に飛び込む勇気がなかったと語っている。いろいろな経験はしてきたが、自信がなかった、自分の市場価値がわからなかったと振り返る。一方で、自分らしい生き方として、「守られていないと動けない」、「前へ出るよりも後から付いていくのが好き」と、そういう生き方が自分らしいのだと自己分析し、その結果、会社に残る選択をした。

その後、役職定年を迎えた翌年、さらに今度は会社が親会社に統合されることになった。

「1000名規模の会社から、いきなりグローバルで13万人の会社の一員になり、この中でどんな形で人材育成に関わっていくのか不確定で不安でした。その頃はもう（コロナ渦で）在宅勤務が日常になっていて、在宅勤務を通じて改めて思ったのは家族や家のありがたみ。それと、**やっぱり仕事が大好きなんだな。仕事がなくなったら、私が私でなくなっちゃうなっていうのを痛感したので、やっぱり仕事を続けて行きたい**と、もう一度統合される時に考えました。」（小宮　2022年6月9日）

小宮は新しい環境に飛び込む勇気がなかったと会社に残った理由を語った。だが、決して後ろ向きの選択ではなかった。自分と向き合ってやはり仕事が好きだということ、「仕事がなくなったら、私が私でなくなっちゃう」と、小宮のアイデンティティの形成要素として「仕事」が重要な役割を果たしているということを自己認識したうえで、自分らしい生き方を模索した。

その出会いがなかったら「とっとと会社を辞めていた気がする」という新しい人材開発手法をもっと会社の中に広めていきたいと思う一方で、「私にとってできることの1つなので、それにしがみついてやりたいことと思い込んでいるんじゃないか」と、自分の中でもう一度自分を見つめ直した。そして、その結果、「自分自身マネージャーを経験していて、メンバーにも迷惑をかけながらやってきたという思いもあるので、どこか社外に出るとか自分で起業とかするよりも、私はここでマネージャーをハッピーにしていく、そこをミッションとして頑張っていきたい。**自分の企画というか、やりたいことをもう少しやりたいというのがまだあったから**」と会社に残ることを決断している。

小宮は「これからは自分の経験やスキルを信じて私らしく後ろからバックアップできるような、そんな立ち位置で残りの社会人人生を過ごしていきたいと思ってます。毎日を私らしく生きる、それがキャリアなのかなって」と語る。

一方、製造業で部長を務めた牧瀬智恵は、理不尽なことがあった際に何度も辞めようと思っていたが、一歩踏み出す勇気がでなかったのは、辞めた後やりたいことがなかったからと語る。牧瀬は、その専門性から外では自分向きの仕事を見つけるのが難しいからと会社に残る選択をしている。

「自分にプラスのセルフイメージを持てるセカンドキャリアをいろいろ模索した結果、**自分向きの仕事を外の世界で見つけるのは難しいと判断したので**。かなり専門性の高い仕事をしているんですがそれが欲しい人って世の中にそんなにないんだろうなって思って…、自分の実績を人に説明するのは難しいし、面倒でもあるかな…、しばらくは現職の再雇用が最も適していると考えました。辞めた後、やりたいこともないし、今、一緒に頑張ってくれている人たちの苦労が、目に見えるので、しばらくはサポートさせていただこうかな、と。そうですねやりたいというか、役に立てること、割とやってると何でも楽しくなっちゃうので…」（牧瀬　２０２２年9月7日）

また、情報通信企業で部長を務めた笠原祥子も、後に残る課長を手伝いたいという思いが強かったと語った。

「人の成長支援や変化を見ることができて仕事は面白し、役割も多かったことと責任もあったこと、組織的な課題で、残った課長が一人でやることは可哀想という思いもあり、**手伝っていきたいという思いが強かったですね。**」（笠原　２０２２年11月28日）

三人に共通しているのは、「やりたいことをもう少しやりたい」（小宮）、「しばらくは現職の再雇用が、最も適している。（中略）やりたいというか、役に立てること」（牧瀬）、「課長が一人でやることになって手伝っていきたい」（笠原）と、社内に自分のやりたいこと、役に立てることがまだあるというのが、会社に残る選択の要因になっている。

さらに、「私らしい生き方」（小宮）、「自分にプラスのセルフイメージを持てるセカンドキャリアをいろいろ模索した結果」（牧瀬）と、自分に向き合った結果の選択として、社外への転出よりも自社に残った方が**「自分らしい生き方」が実現できる**と結論を出した点でも共通している。

高齢者雇用安定法で会社に残ることが労働者の権利となり、多くの人が会社に残ることを安易に選択する中、三人とも積極的な選択の結果、会社に残る決断をしている。自分のやりたいことができるのか、自分の望む働き方ができるのかを考えた結果の選択であり、これは、起業・独立、転職の選択にかかわらず、女性管理職に共通するものである。社外へ転出するかどうかを分けるのは、それが自社にあるかないかだ。

4　結婚や介護

パートナーの存在は、キャリア形成の支えとなっていた。では、セカンドキャリア選択についてはどうだろうか。また、介護がセカンドキャリアの選択に影響することはあるのだろうか。

当初インタビューした女性管理職が全員既婚者であったため、未婚者や離婚経験者にサブ・インタビューを行った。なお、5名のサブ・インタビュー対象者のうち4名が介護経験者である。ここでは、サブ・インタビューの語りから、パートナーの存在や介護がセカンドキャリア選択に与える影響について触れる。

シングルであることがセカンドキャリア選択にどう影響するのかついて笠原は次のように語る。「結婚しなかったことのセカンドキャリア選択への影響は、私はありません。**自分で稼げてたっていう自信はあって自分なりに貯金はあったし、管理職として頂いてた給料も男性と同じだったので、お金の心配はいらない**っていう現実がありました。」

笠原は、特に経済的な面を上げ、心配はしていないと言う。実家暮らしで、子どもの教育費の心配もなく、男性管理職と同等の給与を得ていれば経済的にはかなり余裕があり、将来への貯金もそれなりにできていただろうとも推察される。他方で、国際協力NGOで現地事務所代表を務めた永井友子も同じくシングルであるが、シングルの持つ経済的な不安について語っている。

「経済的な不安はシングルである方が大きいと思います。幸い(私は)親が遺産を残してくれており、必死で働かないと暮らしていけないわけではないのでラッキーだったと思います。結婚していて相手の理解があれば、セカンドキャリアを考え試行するために今の仕事を辞めてトライもできたかもしれませんが、**シングルの場合、自分を養える人は自分しかいないので、今、仕事を辞めるわけにはいきません。**もちろん結婚していても相手次第なので、なんとも言えませんが…、知り合いで何年もお姑さんの介護をされている方もいらっしゃいますし…、もし同じような価値観を持つ相手でしたら、例えば、一緒に起業する、などの選択肢もあったかもしれません。」（永井 2022年11月20日）

永井自身は幸い親の残してくれたものもあり将来の見込みを立てているが、「シングルの場合、自分を養える人は自分しかいない」との語りが永井の「覚悟」を表現する言葉として印象的で、「今、仕事を辞めるわけにはいきません」と慎重にならざるを得ないと語った。さらに永井は、経済的なことだけでなく、「セカンドキャリアを考え試行するために今の仕事を辞めてトライもできたかもしれない」、「一緒に起業する、などの選択肢もあったかもしれない」と、キャリア選択の幅が、結婚していたら広がった可能性についても触れている。一方で、義理の両親の介護の必要がないなど、既婚者よりも将来の負担が少ない可能性にも言及した。

清水百合の場合は、両親二人とも介護が必要となり、早期退職者募集に応じる形で、54歳で早期退職した。もともとは情報通信企業での部長職を役職定年までは続ける予定でいたのだが、早期退職募集時の条件として、金銭面（割増金）の他に、残留した場合に転勤や他社を兼務することが予想されたための選択だった。清水は、介護がなければ現職を継続していたと言い、また、「結婚をしていたなら、パートナーの両親、パートナーの就業状況、子どもの数・進学状況によっては、現在のように退職して自分の両親だけを実家で看るということはなかったかもしれません。」と語った。

なお、清水は現在、介護に専念しており、セカンドキャリアに踏み出してはいない。だが、将来はこの経験を活かしていきたいと語った。清水は退職後に介護資格を取得した。将来、介護不要となった際には、近場で役立てるよう、地域活動への参加を考えている。

医療業界で部長職だった加藤真紀の場合は、シングルで通した三人とは異なり、58歳で離婚し、介護も経験している。加藤は定年まであと数カ月だが、今後の処遇についてまだ最終的な判断を下していない。だが、自身の離婚と介護の経験も含めて将来に活かしていこうと前向きである。

「あと数カ月で定年です。継続雇用か業務委託か、他院に入るか、現在の仕事の延長線上での仕事の選択肢はありますが、まだ決まっていません。仕事の忙しさが恒常的なうえに、さらに子どものいない身内の夫婦が要介護となり、ホームに入居させ、これから成年後見人手続きを経て家の売却等々が降りかかってきています。（いろいろな手続きのために）休みの日をつぶして動くのは大変ですが、知らなかったことも多く経験できました。**忙しければ忙しいだけ、経験知が増えていきますね。**現在の（医療関連の）仕事を継続する以外に、医療に関わった経験、離婚経験、さらに（身近な人が）突然要介護になった時の経験を活かして、コンサルを立ち上げるとか…**現在は誰に遠慮もいらないと思うので、この際いきあたりばったりで冒険していこうかなと思っています。**」（加藤　２０２２年11月14日）

「誰にも遠慮はいらない」、「冒険していこうかな」という言葉には、自分のやりたいことに挑戦していきたいという思いが読み取れる。なお、現在パートナーがいない点ではシングルの三人と同じだが、加藤には成人した二人の子どもがいる。離婚訴訟で協力してくれたということから関係性も良好と見受けられ、この点が将来への不安という意味では大きな差があると考えられる。

結婚し、パートナーがいるということがセカンドキャリア選択にどう影響するのか、今回の調査だけでは明確な答えはないが、プラスにもマイナスにも環境の変化に与える影響はシングルの場合に比べ大きいようだ。女性管理職たちは、平均的な女性に比べ経済力を持っており、経済的な不安は笠原のように少ないかもしれないが、それでも清水の言うようにシングルの場合は慎重にならざるを得ない部分もある。実際の経済的問題というよりも心理的な（不安としての）影響をセカンドキャリア選択に及ぼす可能性があると言える。

パートナーはいるが介護に関わった田上は、セカンドキャリアに歩み出そうとした、まさにその時に、介護に直面した。定年前に早期退職して転職した田上は、介護がセカンドキャリアの選択に与える影響は大きいと語った。

「介護のスタートは忘れもしない、勤めていた会社を辞めて転職先の会社へ出勤する日の前日に義理の父が倒れて、救急搬送されました。倒れたって聞いた時、『ええっ、明日私入社なんだけど…』って、半年は有休もなく、入社早々休むわけにも行かず、全部夫任せになってしまいました。結果、自分の親は実子が見るパターンができましたが…。その後、集中治療室から一般病棟に移ると、下の世話は家族でということになったんですが、今度は義父が嫁にはこういう姿を見せたくないと言って、お見舞いが禁止、お義父さんのプライドですね、おかげで私が介護をすることはなかったんですが、実の親だったら違っていたでしょうね。

仮に現役時代だったら、年休もたくさんあり、介護休暇も充実していたから必要なら休んで対応できたと思います。でも、その場合、セカンドキャリアで転職は選ばなかったでしょうね。**だって親を介護してたら転職できない。**同期でもそういう人たちが何人かいました。」（田上　２０２２年10月29日）

介護を理由に会社を辞める「介護離職」は、近年の社会課題の1つになっている。厚生労働省（2021）の雇用動向調査によると、令和3年（2021年）1年間の離職者約717万人のうち、「介護・看護」を理由とする人は1・3％で、約9・3万人。特に数字が顕著に高いのは、55歳〜59歳の女性で、この年齢の女性離職者のうち4・1％（他の年齢では0・1〜2・9％）が「介護・看護」を理由にしている。介護のためにフルタイム勤務をあきらめ、拘束時間の少ない職に変わるケースも多い。

しかし逆に田上は、仮に介護のスタートが転職前だったら転職を止め会社に残っただろうと語った。これは田上が、制度が充実した大企業に勤めていたこと、すでに役職定年を迎えていて管理職時代よりは介護にエネルギーをさく余裕が有ると思ったことも影響している。一方、清水の場合は早期退職募集が直接の退職理由であるが、「（介護がなかったら）現職を続行した」（清水）と言うように、介護が離職に結びついている。転勤などの残留した場合の早期退職募集の条件が影響したと語ったが、セカンドキャリアの選択に介護も大きく影響すると言える。

介護は親の年齢が上がることでそれに関わる可能性が上がっていくことから、キャリアに及ぼす影響もキャリアの初期よりも後期に現れる可能性が高い。女性管理職が介護の担い手だった場合に想定される「子」としてのサブ・アイデンティティがキャリア形成の語りにおいて、ほとんど登場せず、セカンドキャリアについての語りの中で登場してきた理由はそこにある。

5　セカンドキャリアに踏み出して

キャリアシフトの鍵

女性管理職がセカンドキャリアに踏み出すにあたって、背中を押したものはなんだったのだろうか。これについて山田は「さまざまな社外の方との（軽い）情報交換により自社以外に目が向いたことと、社内の早期退職制度」と語っている。山田の場合は「早期退職制度」が直接的なトリガーとなった。一方、黒川は「会社ではやりきったという思い」と語り、自分の中での「達成感」が彼女自身の背中を押した。また中野は「夫の言葉。コーチのアドバイス。」と周囲からの働きかけを語る。

さらには、「できることを、活かせる場があったこと」（小宮）と、具体的な「場」を見つけたことや、「社交的ではないという自分の性格」（牧瀬）という答えもあった。セカンドキャリアに踏み出していくために必要なものは、「外的要因」だけでなく、「内的要因」もある。

では、実際にセカンドキャリアに踏み出してどうだっただろうか。

「起業」を選択した黒川は60歳という年齢の厳しさを改めて感じることとなる。グループ会社に行きたいという希望もあり、起業のスタートが遅くなった黒川は、60歳で定年退職して、個人事業主として屋号を取り開業届も出した。教育系の仕事に携わりたいと考えていたので、たまたまチラシで見つけた教育会社の募集に電話をかけた。だが、「60歳ではちょっと」との返事。頬をパシッと叩かれたような思いだった。60歳の女性として、これから働いていくことの難しさを痛感した瞬間だった。

黒川がセカンドキャリアについて本格的に考え始めたのは、58歳の役職定年の頃である。黒川は起業するなら早い方が良いと語る。

「ちゃんと自分の会社を立ち上げて経営していく、オファーが来るということも含めるとなると、やっぱり50代にはそういう形を取った方がいいと今は思いますね。今は(仕事を)紹介してくれる会社とパートナー契約を結んでいます。業務委託ですね。ただ、書類上で担当になるのはこういう人ですって(その会社がクライアントに)出した時に、できたら40代とか50ぐらいの人の方がいいという感じがあるようなんです。それでも今は間に立っている会社があってやれているんですが、もし自分が屋号を取ったそのものでやろうとした時に、もしかしたら、凄く、年齢の壁っていうのがあるのかもしれないなぁって思いますね。**もし起業しようと思うんだったら早ければ早いほどいいかなって、**私も起業はしたものの、報酬とか、そのへんはもう全然道半ばで、本当はもうちょっとオファーがあるかと思っていたんですが、やっぱり厳しくて、思っていたレベルには行ってない。ちょっと遅かったよなと思います。」（黒川　2022年4月23日）

黒川はセカンドキャリアで業務を受注する際に、前職での経歴に期待していた部分があり、思い違いしていたと反省する。

「前職のところである程度のポジションまでいたがために、やっぱり何か思い違いしてたところが有ると思います。自分の経歴とかを見てもらえれば、依頼が来るんじゃないかなと思ってました。経験とか蓄積した知識とかは大切なものだと思うんですが、見た目上の肩書とかそういうのは全然ダメというか、関係ないということを今感じています。私のやってきた実績をちゃんと見ていただいたうえでアピールしないといけないなぁと」（黒川　2022年4月23日）

黒川の「自分の経歴とかを見てもらえれば依頼が来るんじゃないかなと思っていました。」という言葉は、男性の管理職経験者からよく聞く話だ。女性管理職の場合、その数の少なさから、管理職としての立場にあることが男性管理職以上に特別なものになっている可能性は否定できない。周囲からそういう扱いを受けてきたことで、本人自身も気づかない無意識のうちにそう思ってしまう傾向があるのではないだろうか。

「対外的なことも会社の看板があったからこそで、一人になってできることは何もないと思っていました。」という桂木のように、自身が外で通用するのか不安を持つ一方で、ある種の期待をどこかで持ってしまう可能性が考えられる。これは、黒川のようにポジションが上であればなお一層である。

この点を、一般職女性や非管理職女性に比べてポジションを持つ女性管理職の特徴として指摘することができる。川内ら（2013）は、ホワイトカラーのキャリアを持つ女性の定年後のキャリア選択に対する現役時代のキャリアの影響の1つに「技能への自信」を挙げているが、女性管理職の場合は、「与えられたポジションに対する自信」、いや、「獲得してきたポジションに対する自信」というべきものが無意識のうちに存在し、それが定年後のセカンドキャリアへのキャリアシフトの障害の1つになる可能性がある。

「でもまぁ、**だからといってこれが失敗ではなく、やりようによっては広がる可能性もある**ので、今はまだまだ自分の中でも模索中です。定年退職してこの1年の間にいろいろ勉強できたというか、**私自身の大きな勘違いとかをリセットできた1年だったな**ぁと思ったので、これからかなぁと、本当の意味でセカンドキャリアとしてスタートするのは。」（黒川2022年4月23日）

自分の甘さを感じた黒川だが、「だからといってこれが失敗ではなく、やりようによっては広がる可能性もある」、「定年退職してこの1年の間にいろいろ勉強できた」、「私自身の大きな勘違いとかをリセットできた1年だった」と前向きだ。女性管理職にとって、**いかに早く、この「獲得してきたポジションに対する自信」の存在に気づき、これをリセットできるかが、スムーズなキャリアシフトの鍵となる。**

一方で、女性の場合、男性ほどポジションに固執することがないので、「獲得してきたポジションに対する自信」の存在を認識することができればリセットもしやすく、さらに、これを逆に自己肯定感につなげて、「やりようによっては広がる可能性もある」と前向きな発想に変えることで、キャリアシフトにプラスの効果を与えることができる。これは、さまざまな環境に適応してきた女性の持つ柔軟性によるものだ。

転職や会社に残る選択の場合、起業との一番の違いはいつかまた終わりが来るということだ。今回、転職や継続就業を選択した女性たちからは、その先の働き方についてはまだわからないものの、可能なら働き続けたいという言葉があった。

役職定年を迎えた翌年に会社が親会社に統合された小宮は、「元の会社で働いていたのが私のファーストキャリアで、親会社がセカンドキャリア、65、70まで働いていきたいと思うので、その後がサードキャリアになるのかなって。**自分らしい立ち位置で働いていたいなって**」と語る。

会社組織の中でやりたいことに挑戦すると転職した中野は、身体が動けば働き続けたいと思っている。だが、長い人生を考えた場合にずっと会社に所属できるとは限らないと、いつか終わりが来ることも自覚している。そして、生活の仕方も含めて、改めて自分にとっての「働く」という定義や解釈を整理していきたいと考えている。

山田も、**働けるだけ、働いていきたいと思っている**。会社の早期退職に応募して再就職を果たしたが、給料の割にはハードな仕事で、この先63歳の定年まで続けられないと思う。正直なところ、転職先の仕事をどこで辞めようかということもすでに少し考えている。自身の知識ももうついていけないと感じることもある。そうは言っても、では次に何をするんだと自問している。わかっているのは、自分が求めているのは人とのつながりで、それがないと引きこもりになってしまうということだ。

笠原は60歳定年後のセカンドキャリアでは、「残った課長を手伝いたい」と継続することを選択し、契約社員として65歳まで働いた後、再雇用契約終了をもって個人事業主となった。笠原は40代で大きな病気を経験し、2年半ほど会社を休んだ経験を持つ。笠原にとっては、実質的に65歳での再雇用契約終了が退職だと、その時の心境を語った。

「大きな病気もしたので病気の後は余った人生みたいな感覚もあって…病気から復職して会社に十数年いられて、そこでも思い切った仕事ができたって…すごくいい会社だと思います。再雇用で退職の時には、まったく後悔とかないんですよね。**すごく気持ちよくて、やりきった感、達成感がありました。本当に周りに支えられて感謝の気持ちでいっぱいでしたね。**家族だけじゃなくて叔母や叔父も支えてくれて、さらに友人のサポートや、会社の中の人間関係もすごく良かったんですね。(最終的に退職した後のことは)あえて考えていなかったっていうのもあるんですよね。別にその後どこかの会社のアルバイトでも全然違う仕事でもいいよねって思ってたんですね。(65歳で)退職後には、それまでに行ってきた業績とかで名前をご存知の方で私が辞めるのを待っていた方たちから、いろんな相談に乗ってと、お声がけがあって、そういうのに丁寧に対応してるっていうのが今の現状ですね。」
(笠原 2022年11月28日)

笠原は、やりきった感、達成感とともに周囲への感謝を口にした。再雇用契約終了後も、それまでの実績から仕事のオファーがあり、「今も多忙で死ぬほど仕事しています。」と、今でも忙しい日々を過ごしている。

人生を楽しむ

退職後にキャリアコンサルタントとして起業し、前職での経歴から、勘違いをしていたと語った黒川は、起業するには少し遅かったとも語っていた。一方で、退職後の1年間は、「**とても自由な時間を謳歌できた**」とも思っている。今は、時間的には余裕のある生活になったが、これまではずっと、「ガツガツと仕事をしてきてプライベートの時間とかまったくないっていうか犠牲にしてきた」（黒川）という思いがある。だから、もう時間を削るのはもったいないと、時間の大切さを改めて感じている。

キャリアコンサルタントの仲間には、何人かで一緒に場所を用意し、事務所を設立した人もいる。黒川の事務所は自宅だ。ちゃんとした事務所を設立してキャリアコンサルタントとしての仕事をしたいと思った時期もあった。だが自分の性格を考えると、またのめり込んで、まったく家庭を顧みなくなることになるだろうと思う。「**今は、できるだけ自分のプライベートな**

時間も持てるような形でやりたいと思ってます。」と語る。

会社に残ることを選択した小宮は、「ここまで来たら65までは働かせてもらわないと、先に辞めた方が良かったってことになっちゃうじゃないですか。」と笑いながら語る。今は基本、講師の仕事をしているが、人と接していられる仕事なので自分に向いていると思っている。たまに荷が重い業務も頼まれる。「超苦手なんだけど、断り切れないっていうか、まあ、やればやったで達成感も感じられるし、そういうものの積み重ねでやっていけば楽しいかなって、そういう緊張もね、楽しめるようにね。」と、仕事を楽しんでいる。

永井も働き続けることは望んでいるが、人生も楽しみたいと語った。

「自分が先頭に立ってバリバリ働くことはないと思います。ただし、同じような志の人たちのもとでパートタイムで働き、どちらかというと元気な60～70代のうちに旅行をしたり新しいことに挑戦したりして**人生を楽しみたいと思っています。**」（永井　２０２２年11月20日）

これまで、仕事にある意味のめり込んできた女性たちは、新たなセカンドキャリアの場では、仕事を楽しみながら、これまであまり時間をさくことができなかったプライベートの時間も楽しみたいと語る。働くことは続けたい。できるだけ長く働いていたい。けれども残りの人生は、仕事の比重を少し減らして人生も楽しみたいと思うようになってきた。もちろん、人によってこの度合いは違うけれど、多くの女性たちから聞こえる言葉だ。

境（２０１１ 14頁）によると、アメリカのキャリア論研究者サニー・ハンセンは仕事を他の生活上の役割との関係さらに生涯にわたる人生全体の中で考えることの重要性を指摘し、キャリア発達では生活や人生を構成する主要な４つの要因（４Ｌ）、仕事（Labor）・学習（Learning）・余暇（Leisure）・家庭（愛：Love）をバランス良く統合していくことが最も重要となるという「統合的人生設計論」（ＩＬＰ：Integrative Life Planning）を提唱している。

女性管理職としてこれまでは仕事と家庭を中心とした生活の中、学習（仕事に必要な学習を除き）や余暇への比重は少なく、セカンドキャリアではこれらのバランスを取ろうとしているようにも見える。

6 アイデンティティとアダプタビリティ

アメリカの心理学者ダグラス・ホールは自らが提唱したプロティアン・キャリアのメタコンピテンシーとして、「**アイデンティティ**」と「**アダプタビリティ**」を挙げている。「アイデンティティ」については、先に述べたように役割期待に呼応する自己認知を「サブ・アイデンティティ」と定義し、複数のサブ・アイデンティティの集合体として「アイデンティティ」を捉えている。

これを女性管理職に当てはめると、「組織メンバー」としてのサブ・アイデンティティと、（子どもがいる場合の）「母親」としてのサブ・アイデンティティが就業時期に大きな比重を占めていた。配偶者のいるインタビュー対象者の「妻」としてのサブ・アイデンティティは、夫の、彼女たちが働くことへの理解や家事・育児への協力に対し、「妻として感謝している」という文脈で存在してはいるが、「働く」ことを基軸としたインタビューでの語りでは、サブ・アイデンティティとして「妻」の立場が言語化されることはあまりなかった。

他に考えられるサブ・アイデンティティとしては、例えば、「子」としてのサブ・アイデンティティが、特に介護の担い手だった場合に想定される。今回、「介護」に関わったのはサブ・インタビューの4名だったが、今回の調査では介護の時期と状況から、介護に関わる「子」としてのサブ・アイデンティティはほとんど語られることはなかった。

また、「地域住民」としてのサブ・アイデンティティやそれ以外のものは、サブ・アイデンティティとして保有されていたとしてもインタビューの中には登場してこなかった。

ただ、「ひとりの自分」というサブ・アイデンティティが、忙しい日々の中で「自分らしくあった時間」にその存在を垣間見た。このサブ・アイデンティティは、特に子どもの存在によって大きく左右されている。

「組織メンバー」としてのサブ・アイデンティティは、管理職になった時点で「管理職」として、本書のテーマに沿って言えば「女性管理職」としてのサブ・アイデンティティに置き換えられていく。

子どものいる女性管理職の場合、「母親」としてのサブ・アイデンティティは、「組織メンバー」としてのサブ・アイデンティティとの間で**「サブ・アイデンティティ間のコンフリクト」**を生じ、それは「女性管理職」としてのサブ・アイデンティティへと継承されていく。コンフリクトの結果、どちらのサブ・アイデンティティを優先させるのかは、人によって異なる。例えば、黒川や牧瀬は「組織メンバー」としてのサブ・アイデンティティ（その後の「女性管理職」としてのサブ・アイデンティティ）を優先させ、坂下や小宮は「母親」としてのサブ・アイデンティティを優先させたと語った。

しかしこれは個人の価値観だけの問題ではなく、また、きっかりと区分けできるものでもない。基本スタンスとしてどちらかに優先度を置いていたとしても、環境や仕事（職場）の状況で流動的に重心が動き、都度、選択が迫られていた。

一方、「アダプタビリティ」は、「キャリア・アダプタビリティ」として、アメリカのキャリア論研究者ドナルド・E・スーパーが提唱し、マーク・サビカスが「キャリア構築理論」に取り込んだ概念である。これは、田中（２０１９）によれば、「環境や社会の変化への適応力」（田中２０１９ 56頁）である。

インタビュー前に筆者たちは、働き続けるために、自己を押し殺して環境への適応を図ってきたのではないか、つまり、「アイデンティティよりもアダプタビリティを優先」させてきたのではないかと考えていた。たしかに本書に登場する女性管理職たちは、組織の中でアダプタビリティを優先させてきたとも言える。だが、それはアイデンティティをないがしろにしたことにはつながらない。サブ・アイデンティティの概念から考えれば、「組織メンバー」としての（後の「女性管理職」としての）サブ・アイデンティティを重視することが組織への適応のためのアダプタビリティを促進させている一方、「母親」としてのサブ・アイデンティティを時に重視することで、「子育てと仕事の両立」という環境への適応のためのアダプタビリティを促進している。

言い換えれば、仕事の内容や状況、あるいは子どもの成長など常に変化し続ける環境の中で、コンフリクトを繰り返しながら優先度の変わるサブ・アイデンティティの後押しによって、アダプタビリティは優先されていく。

つまり、**お互いにコンフリクトの関係性を生む複数のサブ・アイデンティティが、ある時は別のサブ・アイデンティティに形を変え、常にゆらぎながら優先度を変化させ、総体としてア**

イデンティティを形成してアダプタビリティに働きかけることで、環境や立場の変化に適応していると言える（図**4-2**）。サブ・アイデンティティの、存在だけでなくその都度の優先度をも認識してアダプタビリティへの働きかけにつなげることは、ダグラス・ホールの言う「アイデンティティの探索」にあたり、これを渡辺（２０１８）は、「アイデンティティを変えたり、維持したりするための潜在能力を発達させるために自己に関する完全かつ正確な知識を得ようとする継続的な努力」（渡辺 ２０１８ １７５頁）と表現している。

定年という転機を前に「ひとりの自分」というサブ・アイデンティティの自己認知の度合いが上がり、結果、その優先度が上がった状態で、セカンドキャリア選択の時期に入っていくことで、それがセカンドキャリア選択に重要な影響を与えている。

武石（２０１６）は、「社会の構造変化を避けることができない以上、そのような社会においてキャリアを開発するうえで重要なことは、自分にとって何を重視するのか、何を成功と考えるか、について自分なりの軸を持つことである。個人が自身で重要と考えることを基礎に置いて主体的にキャリア開発に取り組み、仕事における満足度や成長感などの心理的成功を目指す自己指向性が、プロティアン・キャリアの特徴である。」（武石 ２０１６ 50頁）と述べ、「自己指向」と「価値優先」、がキャリア自律測定尺度のプロティアン・キャリアの因子として抽出されたと報告している。

図4-2　アダプタビリティに働きかけるアイデンティティ

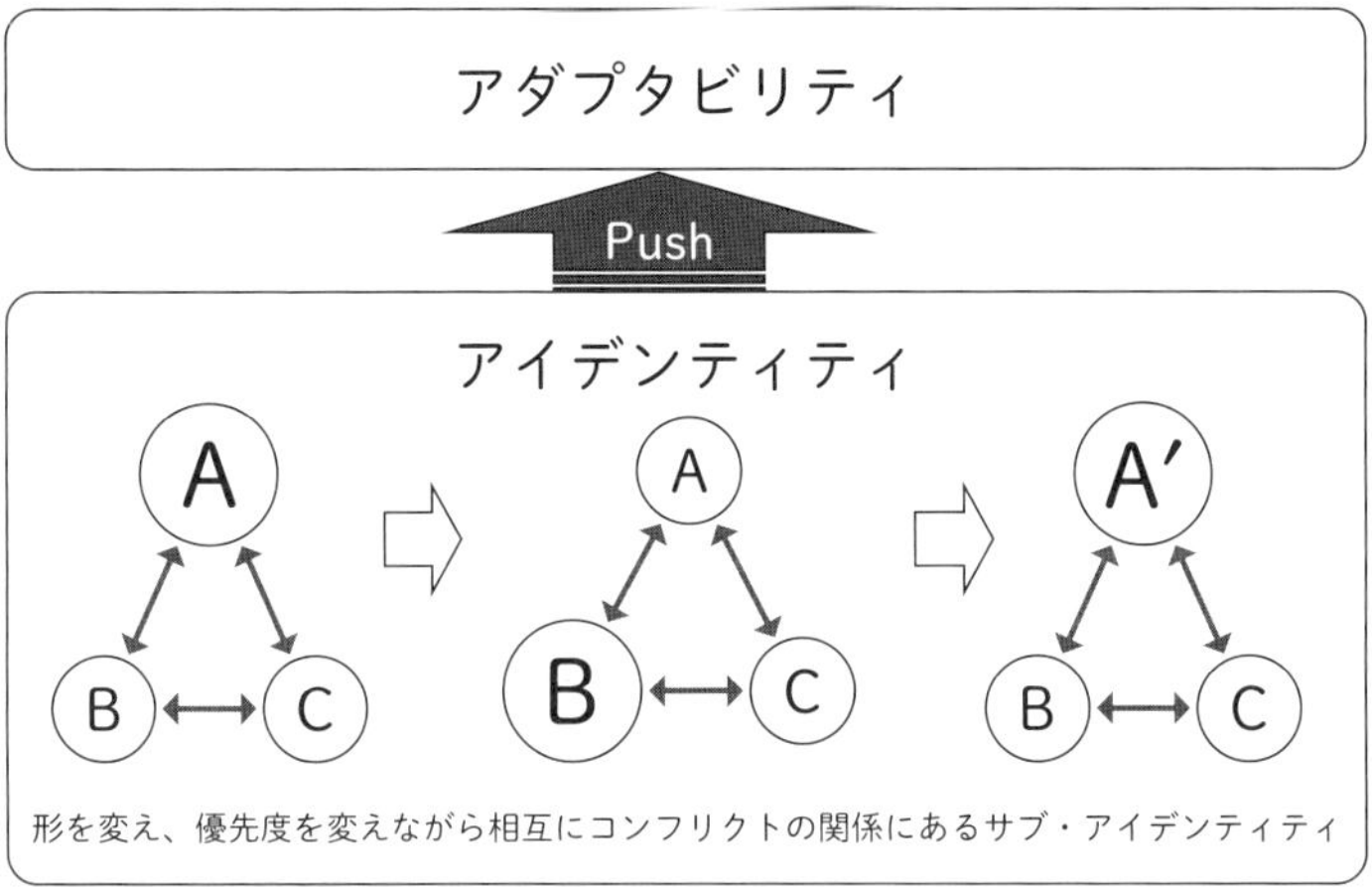

出所：筆者作成

武石（2016）によれば、「自己指向」は自分の責任でキャリアを決定しているという意識、「価値優先」とは自分の価値基準によりキャリアの成功を判断する意識である。中野のそれまでのキャリアについての語りの中からも、「自己指向」と「価値優先」が見てとれる。

「（キャリアの成功は）振り返って見て、やりたいと思えたことがやれたっていう感じですね、金銭面っていうよりも、自分として何か達成感みたいなものが1つあるっていうことかな、私はそもそもグローバルに働きたいということがあったので、それが実現できて、振り返って見た時に自分の中で経験や知識として

残ったことがよかったかなって思いますね。」（中野　2022年8月20日）

中野に限らず、今回の調査に協力してくれた女性管理職たちは「自己指向」と「価値優先」が共通している。もちろん、思うようにそれを優先できない環境に置かれた時期も経験しているが、振り返って見て、総じて「満足感」を得ている。

特にセカンドキャリア選択においては、「自己指向」と「価値優先」が顕著に現われている。悩みながら働き続けることで、折りにふれて自己と向き合い、定年という大きな転機を前に、セカンドキャリア選択の中で、「自分らしさ」（「ひとりの自分」）を意識した時、これら2つはセカンドキャリア選択の大きな要因となっている。

7　女性管理職のプロティアン・キャリアモデル

岡田（2013　59頁）によれば、アメリカを代表するキャリア・カウンセリングの理論家、実践家であるシュロスバーグは人生上の出来事の視点から見た転機（トランジション）を「自らの役割、人間関係、日常生活、考え方を変えてしまうような転機」と捉え、3つのタイプに分類している。すなわち、「予期していた転機（anticipated transitions）」、「予期していなかった転機

（unanticipated transitions）」、「期待していたものが起こらなかった転機（non-event transitions）」の3つである。

本書に登場する女性たちにとって管理職になることは「予期していなかった転機」であったが、定年は「予期していた転機」であり、そして何人かには、定年後自分のやりたいことができそうもないとわかったことが「期待していたものが起こらなかった転機」だと言える。

これら転機を乗り越え、次のステージにシフトしていくために、シュロスバーグは4つの資源（4S）「Situation（状況）」、「Self（自分自身）」、「Support（周囲の援助）」、「Strategies（戦略）」を有効に活用することが必要だと述べている。これについて渡辺（2018）は、「資源を強化していくということは新しい戦略をとること」（渡辺 2018 198頁）であり、「自分の資源即ち4Sを強化していくことは可能」（渡辺 2018 198頁）だと述べている。

リンダ・グラットンら（2016）も、「資産には、慎重なメンテナンスと投資をする必要がある。」（グラットンら 2016 121頁）と述べ、「有形資産」だけでなく「無形資産」も含めた、人生の「資産管理」の重要性を主張している。

現代版「プロティアン・キャリア」を提唱している田中（2019）は、変化の激しい時代、変化に翻弄されるのではなく、「変化に対応しながら、自ら主体的にキャリアを形成していくことが不可欠」（田中 2019 49〜50頁）とし、「変化しながら、経験を蓄積する内面的な変身こそ、

図4-3 プロティアン・キャリアのタイプ別キャリア資本の戦略的蓄積モデル

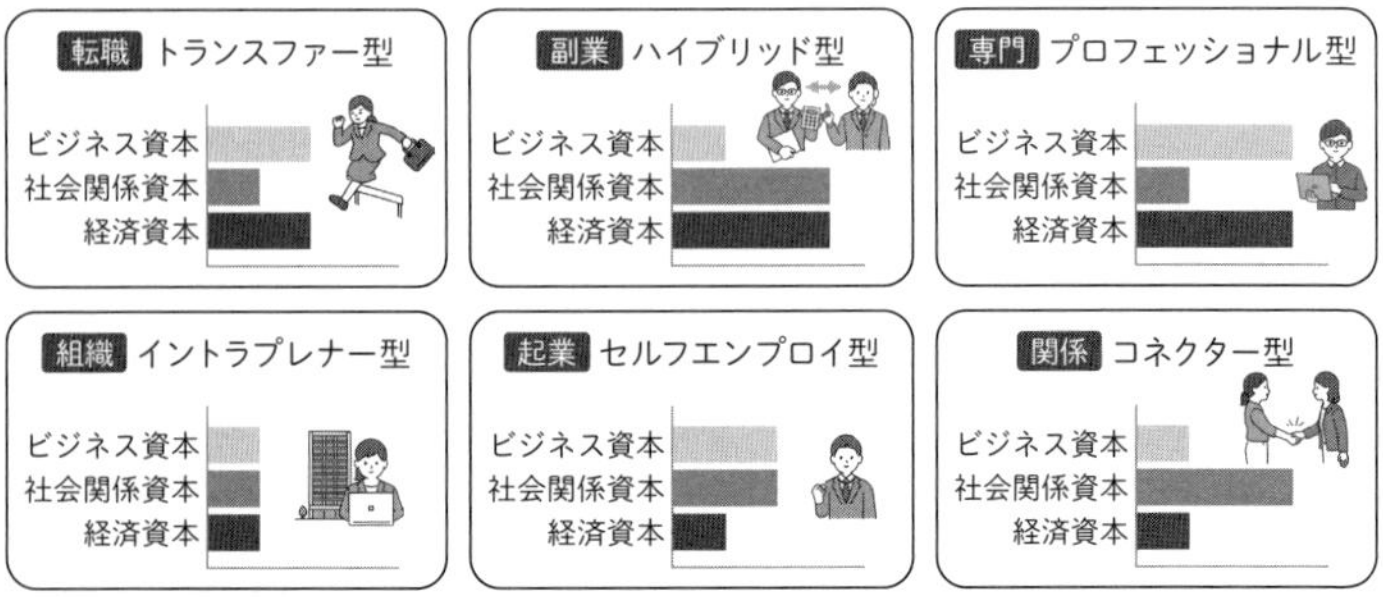

出所：一般社団法人プロティアン・キャリア協会

プロティアン・キャリアの本質」（田中 2019 75頁）だと述べ、プロティアン・キャリアを形成するために、個人の「キャリア資本の蓄積」に力点を置くことを推奨している。

また、田中（2019）は、プロティアン・キャリアを以下の6つのタイプに分類して、それぞれのタイプ別のキャリア資本の蓄積をモデル化している（図4-3）。

①トランスファー型プロティアン・キャリア

企業で働きながらビジネス資本を形成し、あるタイミングで転職しこれまで形成してきたビジネス資本をさらに蓄積しながら、新たな職場で社会関係資本を増やすキャリア。

②ハイブリッド型プロティアン・キャリア

企業で働きながら複数のビジネス資本を蓄積し、異なるビジネス資本との掛け算で、その人にしかなし得ないユニークな市場価値をつくっていくキャリア。

③プロフェッショナル型プロティアン・キャリア
1つの専門性を深めてビジネス資本を形成。その専門性に関する新たな知見や動向をキャッチアップしながら、さらに専門性を深化させるキャリア。
④イントラプレナー型プロティアン・キャリア
社内資源を利用しながらビジネス資本を更新し、社内の機会を開き、外部との交流を重ねながら社会関係資本を増やすキャリア。
⑤セルフエンプロイ型プロティアン・キャリア
ある組織で形成したビジネス資本、社会関係資本、経済資本を元手に独立し、自分が得意な領域を形成するキャリア。
⑥コネクター型プロティアン・キャリア
社会関係資本の形成を大切にしながら、人と人をつないでビジネスを生み出したり、人が集まるコミュニティをつくったりするキャリア。

本書では、これまで見てきた女性管理職をキャリア資本蓄積別タイプに分類することを試みた。その結果を以下に示す（図4-4）。

桂木は50代で社外でのさまざまな活動を行った。副業ではないため、それらによる「経済資

図4-4 キャリア資本蓄積別タイプ

定年後の進路（セカンドキャリア）		氏名（仮名）	転職回数	キャリアタイプ 現役時代	→ セカンドキャリア
起業	法人設立	桂木恭子	無	ハイブリッド型	セルフ　コネクタ
起業	法人設立	坂下弥生	3回	トランスファー型	セルフエンプロイ型
起業	個人事業主	黒川碧	無	イントラプレナー型	セルフエンプロイ型
起業	個人事業主	秋本由希	1回	イントラプレナー型	トランス　セルフ
転職		山田香	無	イントラプレナー型	トランスファー型
転職		中野美枝	3回	プロ　トランス	プロ　トランス
継続		小宮遼子	無	イントラプレナー型	
継続		牧瀬智恵	無	プロフェッショナル型	

※最終的なセカンドキャリアとしての転職は、転職回数には含めない

出所：筆者作成

本」の蓄積には結びついてはいないが、「ハイブリッド型」として「社会関係資本」を蓄積し、それがきっかけとなり自分で終わりを決められる働き方としての「起業」に結びついた。現在、コミュニティの運営も行っているという桂木は「セルフエンプロイ型」とともに、「コネクター型」として、さらなる社会関係資本も蓄積中である。

坂下は転職を繰り返すことで「トランスファー型」として「ビジネス資本」を蓄積していき、最終的にはやりたいことを実現するために「起業」している。

一方、「イントラプレナー型」として入社時からずっと同じ会社で働き続け「ビジネス資本」を積んできた黒川は最初から社外への転身を考えていたわけではない。社内では選択肢が

なく、「やりたいことができないのにわざわざいる必要がない」（黒川　2022年4月23日）と、自分のやりたいことを優先した結果、人材育成に関わる分野で「起業」という選択肢に行きついている。この際、社内の人事部門で長年蓄積した「ビジネス資本」としてのスキルや経験がベースとなっている。

また、秋本の場合は、新卒入社後一年半で一度転職しているものの、その後はずっと同じ会社内で「イントラプレナー型」として「ビジネス資本」を積んできた。セカンドキャリアで社外へ出ることを決断しても、最初は独立は考えていなかったと定年退職後に一度転職している。最終的にはその1年後に独立したが、転職先での「ビジネス資本」は「とても意味があった。それがなければ個人事業主としての独立も考えられなかった。」（秋本　2022年4月27日）と語っている。その意味で、「トランスファー型」として積んだ「ビジネス資本」が、最終的に「起業」に役立っている。

ここに挙げた「起業」を選択した「セルフエンプロイ型」の元管理職女性たちのビジネスは、まだスタートして日が浅く、大きな「経済資本」の蓄積にはつながっていないが、ビジネスオーナーとして、会社員時代とは異なる内容の「ビジネス資本」や「社会関係資本」の蓄積につながっている。

転職グループの山田の場合は、きっかけは勤務先の早期退職者募集ではあったが、それ以前からやり尽くした感を感じて新しいことへのチャレンジを考えており、早期退職者募集をチャンスとした。転職に際して、今までのキャリアの影響は「あると思う。でなきゃ面接までいけない」(山田)と、長年「イントラプレナー型」として蓄積してきた「ビジネス資本」が転職の成功につながったと語った。

現役時代にずっと1つの会社にいた山田と違い、中野は「グローバル」にこだわり、「ファイナンス」の分野で転職を重ねてきた。「プロフェショナル型」と「トランスファー型」の2つのタイプでキャリア資本を形成してきたと言える。また、ファイナンスやグローバルでのプロとしての「ビジネス資本」とともに、金融業界特有の「経済資本」も蓄積してきたと考えられる。中野は専門以外の部門への異動がきっかけで転職を決断しているが、転職に際して「給料にはこだわらない」(中野)と言えるのも、ある程度の「経済資本」の蓄積があったからであろう。

中野は自分のプロフェショナルとしての専門にこだわり、それが転職を成功させている。ミドル・シニアの転職の場合、一般的に自分の専門にこだわっていると、なかなか転職先が決まらないが、中野の場合は圧倒的な専門性と、「グローバル」×「ファイナンス」という2つの要素が武器になったと推測される。中野はリーダーシップやコミュニケーション力、ファシリテーションやプレゼンテーションをポータブルスキルとして長年の管理職として身につけたと語ったが、さらに、「テクニカルスキルとしては会計とかファイナンスの知識とあとはビジネス英語っていうところはあると思っていて…」（中野）と、ビジネス資本の蓄積についても語ってくれた。

継続グループの小宮は、何度か決断を迫られる場面があったが、当時携わっていた仕事をもう少しやりたいと会社に残る決断をした。小宮は「社内資源を利用しながらビジネス資本を更新」している「イントラプレナー型」と言える。

一方、牧瀬の場合は、その専門性から外では自分向きの仕事を見つけるのが難しいからと会社に残る選択をしている。同じ、継続でも牧瀬の場合は、より専門性にこだわった「プロフェショナル型」と言える。

本書に登場した女性管理職たちが若い頃はまだ「キャリア教育」というものが企業の中であまり浸透していなかった。さらに、これまではキャリアを組織内キャリアと捉え、主体的に、また戦略的にキャリア資本を蓄積していくという発想は彼女たちにはあまりなかったと推察されるが、長年の勤務と管理職としての経験から、結果として蓄積されてきたキャリア資本は少なくない。

註

（1）東京商工リサーチ　２０１９年（1～12月）上場企業「早期・希望退職」実施状況。
（2）転職入職率：常用労働者数に対する転職入職者数の割合。

第5章 女性管理職に関する知見の整理

1 「女性活躍推進」から取り残された女性たち

すべての女性が輝く社会を目指して、2015年に「女性の職業生活における活躍の推進に関する法律（女性活躍推進法）」が成立した。女性の活躍推進に向けた数値目標を盛り込んだ行動計画の策定や公表、および女性の職業生活における活躍に関する情報の公表が事業主（国や地方公共団体、民間企業等）に義務付けられた。

当初、雇用者301人以上の大企業を対象としていた本推進法は2022年に対象企業を拡大した。現在、「女性活躍推進」は企業における重要な課題の1つとなっている。その主な中身を見ると、女性活躍推進のための企業の施策は、家事・育児と仕事との両立支援、女性リーダー育成、女性役員登用の3つに集約されている。

一方、リーダーになり管理職のキャリアを歩み始めるのは、およそ40代前半以前からだ。つまり、女性活躍推進の「対象」は40代半ばまでで、一部の役員候補の女性を除き40代後半以上の女性たちの大半は女性活躍推進の対象外となっている。総務省（2021）「労働力調査」によると、正規の職員・従業員のうち45歳以上の女性の割合は39・5％を占める。ここに1つ問題が浮かび上がる。組織で働く女性の約4割が「女性活躍推進」から取り残されているということだ。


さらに、高齢化の進展で若手労働力が不足し、組織の中の年齢構成も高齢化していることから50代以降のシニアの活用が求められている。けれども、企業の施策は男性中心の視点で、男性と比較して圧倒的に数の少ないシニア女性の存在は、ここでも意識されていない。

公益財団法人21世紀職業財団（2019）も、「これまで、働く50代・60代の女性の実態が把握されておらず、企業において適切な取組みがなされていない」という問題点を指摘している。今、必要なのは、50代や60代の女性の活躍推進の現状を明らかにすることだ。

2021年4月施行の「高年齢者雇用安定法」の改正で、いよいよ60代も働く時代になった。袖井（1988）は日本企業における定年退職を「一定年齢に到達したことを理由に、本人の労働能力や労働意思にかかわりなく強制的に職場からの退出を求める**強制的退職制度**

(mandatory retirement)」(袖井 1988 64頁)だと指摘する。そのうえで、「定年退職をライフサイクルにおける1つの段階から他の段階へ移行する過程(process)と見なす」(袖井 1988 68頁)という視点を紹介している。

袖井(1988)によれば、その視点を取るアメリカの心理学者フランシス・M・カープは「定年とその前後の時期は、職業活動を離れて引退生活へと入っていく移行期－退職していく過程－として位置づけている」(袖井 1988 68頁)が、袖井自身は日本における定年退職を、「職業生活からの引退ではなく、主要な職業生活から、社会的評価も賃金もより低い職業生活へと移行し、やがて引退へ導かれるプロセス」(袖井 1988 76頁)だと述べている。

袖井(1988)から30年近くが経った2016年、リンダ・グラットンとアンドリュー・スコットは、著書「ライフシフト」[1]の中で、これまでの「教育」、「仕事」、「引退」という3ステージから、これからはマルチステージの時代になると述べ、「平均寿命が大幅に上昇する時代」に、長寿を恩恵とするために、3ステージの人生を前提にした働き方を葬り去り、新しい人生の設計をすることを提案している(グラットンら 2016 84頁)。

この10年で女性活躍は企業にとって重要な施策の1つになった。だが、40代後半を過ぎた女性たちの大半は残念ながらこの支援の対象には含まれず、同じく企業の課題の1つである「シニアの活用」はいまだに男性視点である。

その数の少なさから支援の対象とされてこなかったこの世代の女性たちだが、苦労をしてきた一方で働くことの醍醐味も味わって、定年後も自分なりのペースで活躍していきたいと思っている人も多い。では、そのためにはどうすればいいのか。この答えこそが、「女性活躍推進」の対象から取り残された女性たちへの支援にヒントになるのではないだろうか。

2 女性管理職の働き方

女性管理職に関する研究は堀井（2015）のまとめが参考になる。堀井（2015）によると、男女雇用機会均等法が施行された直後の1986年から1987年にかけて研究は蓄積されたが、1990年代は十分な研究が行われておらず、その後2006年から、数は少ないものの継続的に研究が蓄積されている。それらは①女性管理職登用の促進要因、②女性管理職登用の阻害要因、③女性管理職の社会的評価、④女性管理職への有効な教育とその効果、⑤組織の女性活用施策の効果、の大きく5つの視点からなされている。

近年では、女性の昇進意欲に関する研究もあり、中村（2020 65頁）は、女性の昇進意欲を、①企業の取り組みによる影響、②ワークライフバランスによる影響、③キャリア開発による影響、④採用形態業務内容による影響、⑤社会的関係性による影響、の5つの要因で検討されてきたと述べている。これらの先行研究の研究対象の女性たちは、後述する「女性の定年」の研究対象とは明らかに異なり、そこで言及された「異なる働き方をする女性」にあたる。

石黒（2012）は組織文化の異なる企業の女性管理職へのヒヤリング調査により女性たちに共通する特徴として、「自分の存在意義を仕事の中に見出し、自分が力を発揮できる場を長年かけて蓄積してきたという自負」（石黒 2012 117頁）を挙げている。石黒（2012）は「彼女たちにとって、仕事は自己のアイデンティティを形作る非常に重要な要素であることが概観された。」（石黒 2012 117頁）と述べ、女性管理職たちが語った象徴的な言葉をいくつか紹介している。

それは、「今の人生の中で、生活の中で、自己実現の手段は仕事なんですよね」、「やっぱり働いている、仕事をしている自分というのが普通の自分なんですね」、「仕事自体はもう20年以上ずっとやっているので、逆にこういうものがない生活がどういうものかイメージができない。」（石黒 2012 117頁）というもので、彼女たちにとって仕事が生活の一部、自己の一部として捉えられていることを表わしている。さらに石黒（2012）は、「特に、組織に与えられるものを待つだけではなく、自律的にキャリアを開発していくという点は非常に特徴的である。」（石黒 2012 117頁）とも指摘している。

また、永瀬ら（2012）は、大企業から選抜され、女性活躍推進のための活動に参加している女性管理職・管理職候補へのヒヤリング調査から、将来のリーダー候補として期待され、選抜された女性たちの特徴として、「男性以上に、自分で選び取ってキャリアを形成している」（永瀬ら　２０１２　98頁）と述べている。

女性管理職の研究では、質的調査が中心である。女性管理職の数が少ないことも一因ではあるだろうが、この点について堀井（２０１５）は、「女性活躍推進」がともすれば女性管理職の数を増やすことに注目がいきがちな風潮に対し、管理職の役割に十分に応える女性を社会は求めていると指摘し、「量を増やす施策とともに質を高める施策も平行して実施しなければならない」（堀井　２０１５　90頁）と、量だけでなく、質的研究の重要性に言及している。

だが、これらの研究は、いずれも管理職になるまで、あるいは管理職になってからが対象で、女性管理職たちの定年後のキャリアについての研究は、ほぼ見あたらない。

21世紀職業財団（２０１９）の調査では、女性をさらに「一般職」と「管理職・総合職」とに分類して比較している。男性との比較のうえでの女性の定年に関する調査結果のほとんどが、**一般職女性**＜**管理職・総合職女性**＜**管理職・総合職男性**、またはその逆順となっており、女性管理職・総合職は一般職女性に比べ、より男性的思考の傾向が強いと言える。これは女性管理職において、より顕著であろうということは推察に難くない。

当事者の視点も大切である。浜田敬子の著書『働く女子と罪悪感』（２０２２）は、長年メディアの世界に身を置いてきた均等法一期生の自伝的な記述として興味深い。働くことに悩んでいる後輩世代の女性たちに向けて何かの参考になればという浜田（２０２２）の30年の働く女性としての思いが詰まっている。同世代の筆者（西村）はページをめくるたびに、あの時代を追体験する思いだった。

浜田（２０２２）によれば、メディアの世界は過酷な世界で、当時（今もかもしれないが）女性が働き続けていくのは本当に大変だったであろう。そこまでハードではなかったとしても、同じ思いで生きてきた筆者（西村）は浜田（２０２２）の言葉１つ１つに同意する。

「問題を声高に叫んで解決を訴えるよりも、男性中心の企業や社会に自分を順応させ、〝最適化〟させることで、まずは自分が働き続けられること、生き延びることを選んだ人も少なくない。（中略）それぞれ個人がひっそりと〝力枝〟で、その場その場の問題を解決してきたのだ。」（浜田　２０２２　14頁）

「私たち均等法世代が「男性化している」と指摘されることもあるが、そうしなければ大きな仕事やチャンスに恵まれないと思い込んでいたし、そういう部分も事実あったと思う。そのために**自分の感情や意見を封印していた**とも言える。」（浜田　２０２２　89頁）

書き出すと切りがない。そんな中、国保祥子との対談部分で浜田（２０２２）が語った「働き続けた女性は〝特殊な人〟か〝絶対働く〟と決めた人という印象です。」（浜田　２０２２　１３５頁）という部分は気になるところだ。

本当にそうだろうか。むしろ、「絶対働くと決めたわけではないけれど、気づいたら定年まで働き続けてしまった」のではないだろうか。浜田（２０２２）が語っているロールプレイングゲームの話がまさにそれを表わしている。

「キャリアプランという言葉もなかったし、ワークライフバランスという概念もなかったから、目の前に崖が現れればそれをどうやったらクリアできるか、その都度考え考え、なんとか乗り切ってきた。（中略）ロールプレイングゲームに似ている。敵が現れるたびにオタオタしながらもなんとか倒して、時には仲間を見つけ、武器を手に入れ、１つ１つレベルをクリアしていく。ゴールは見えないけれど、目の前の課題をクリアするたびに自分の中に少しの達成感と充足感が生まれ、辞められなくなってしまう。敵は多くて手強いので、心が折れそうになることが何度もあった。でも、１つ倒したらもう１ついけるかも、と続けてきたような気がする。」（浜田　２０２２　２４４頁）

こうやって、1つ1つ目の前のことに向かっていったら30年の月日が経っていたというところが実態だと考える。浜田（2022）の言葉を借りれば、「**仕事って楽しい、仕事が好き、という感覚をどこかで一度は味わったことがあり、それが忘れられないからこそ続けられてきた**のではないだろうか。」（浜田 2022 244頁）ということである。

また、「いつになったら誰にも遠慮せず、罪悪感を持たず、仕事に邁進できるんだろうか。」（浜田 2022 245頁）と浜田（2022）は問いかけているが、果たして女性たちは働くことに「罪悪感」を感じてきたのだろうか。たしかに家族や周囲に迷惑をかけたという「負い目」を感じてきた女性たちは多い。周囲の協力のうえで続けてこられたとしても、長年頑張って仕事に向き合ってきたことは彼女たちの努力があってのもので、そこには「自負心」こそあれ、「罪悪感」と呼ぶほどのものはないのではないか。

3 女性の定年をめぐる変遷

女性の定年に関する初期の知見は、差別定年（性別定年制）を取り上げている。差別定年とは、女性の定年・退職年齢を男性よりも低く設定したものであり、さらに女性職員のみに結婚退職勧奨があるなど、まだ女性が社会で働くことが一般的でなかった時代を反映した性別差別である。1960年代以降、差別撤廃を求め、その適法性が争われた民事訴訟事件が相次ぎ、これらの判例研究など法律の分野からの研究が中心に行われた。当時はまだ定年まで勤める女性たちはほんのわずかで、その後は、女性教員や看護師など、一部の専門職女性の定年退職後の生活が「女性の定年」という観点から調査・研究の対象となった。

その後、我が国の労働史上において女性が働くうえでの大きなターニングポントとなる「男女雇用機会均等法」が、1985年に制定(1986年施行)されたのをきっかけに「女性の定年」に着目した研究の必要性が言及されるようになった。

袖井(1988)は、女性の定年退職の影響が男性と異なる可能性について、「男性と違って女性の場合にはすでに家事という役割を持っているから、あるいは定年以前に母親役割の終了を経験しているから、職場から家庭への移行がスムーズに行われるという説がある」(袖井1988 76頁)としつつも、一方で、「男性中心社会の中で、男性以上の働きを示すことで地位を確保してきたキャリア・ウーマンの場合には、男性と同様、あるいはそれ以上に、定年に伴なう役割の喪失によって大きなストレスを受け、定年後の適応に困難を感ずるということも考えられる」(袖井 1988 76頁)とも述べており、これら2つの相反する理由から、女性の定年退職について「今後、取り上げるべき課題」(袖井 1988 76頁)だと指摘している。しかしながら、企業等に勤める女性で定年を迎える女性は男性に比べ圧倒的に少なく、研究はあまり行われてこなかった。

2000年代に入ると、企業で働いた女性の定年退職後の生活を職業経験と紐づけた研究がいくつか登場してきた。それらは皆、男性と比較して女性の場合、定年退職後、概ねスムーズに新しい生活に移行していると結論づけている。

佐藤（2001 42、45頁）は、団塊世代への調査で、女性は企業の中で不平等な扱いを受けてきたことから会社への帰属意識が希薄で現役時代から会社とは別の「場」に生きがいを見つけており、定年退職後も困難なく家庭中心の生活に適応していると述べている。

徳田ら（2010）は、定年退職（早期退職も含む）を経験した女性たちへの質的調査により、退職後の楽しみ・いきがいを現役時代の経験と関連付けて分析し、その結果、男性は仕事一辺倒の生活からの移行でかなりの努力を要しているが、女性はすんなりと適応し、自然体で楽しんで暮らしている、女性の定年後の再就職の意味づけは、完全引退までの橋渡し的な意味づけを持つ男性とは異なり、異文化を楽しむという内発的な動機が強いと指摘している。

一方で多くの研究が、今後の女性の働き方の変化によっては異なる知見が得られる可能性にも言及している。徳田ら（2010）は、雇用均等法下で働いてきた女性の価値観は、研究の対象とは異なり、別の知見が得られる可能性があると指摘し、「今後、雇用均等法の制定以降、総合職で働いてきた女性が退職を迎えた時には、定年退職後の生活適応に困難を抱える女性が増加する可能性がある」（徳田ら　2010　51頁）とも述べている。不平等な扱いにより会社への帰属意識が女性は希薄だと佐藤（2001）は述べたが、これは均等法以降に職場で男性と平等な扱いを受ける女性が増えることで異なる知見が得られる可能性を示唆している。

さらに倉重（2015）は、シニア女性の社会的つながりを地域との関わり方から分析し、「これからシニアになる女性はこれまでのシニア女性のように自然には地域社会に溶け込んでいかないかもしれない。（中略）『女性は大丈夫』とは必ずしも言えないのではないか」（倉重　2015　28頁）と述べている。

藤原ら（2014）は、定年退職を経験した既婚女性の新たな活動の場としての「社会参加」の意味づけとその形成プロセスをインタビュー調査し、「とどまることなく次なる道を探し、社会に適応しようとする姿があった」（藤原ら　2014　60頁）と報告している。そこには、「家族の支援を受けながら職業生活を続けてきた、家族への負い目」がある一方で、「退職後一日を家事だけで過ごすのはもの足りない」、「働いた対価としての報酬を得てきた彼女たちにとって無償のボランティアは心理的な抵抗が少なくない」と、フルタイムで働き続けてきた女性たちの、これまでの研究にはない、働くことへの思いを浮き彫りにしている。

また、定年退職者が公務員や医療技術者等、女性がキャリアを継続しやすい職業階層に属していた人が多かったことから、今後、民間企業の大卒ホワイトカラー層の女性を対象として

「社会参加の意味づけと形成プロセス」への知見の妥当性の検証が必要だとも述べている。

その後10年ほど前から、女性の定年退職後のキャリアそのものに注目した研究が見られるようになった。川内ら（２０１３ 35頁）は、ホワイトカラーのキャリアを持つ女性で定年後に系列以外に転職または起業した人のキャリア選択について、現役時代のキャリアの影響を調査し、①仕事優先の人生の選択とそれに対する強い自己肯定感、②内発的な仕事の意味づけ（達成感や仕事に対する価値感）、③技能への自信と就業機会の引き寄せ行動（教育訓練や自己啓発）の３点において現役時代のキャリアの大きな影響を受けていると述べている。

川内ら（２０１３ 47頁）は、定年後のキャリア形成への示唆として、定年をキャリアのゴールとして捉えるのではなく、定年後におけるキャリア形成という長期的視点から、現役時代におけるキャリア形成を考える必要があり、そのために、現役時代のキャリア形成において、①仕事の意味づけの明確化、②社外でも通用しうる生きた技能、③人生の財産となり得る人間関係、が重要で、企業の側も、長期的視点に立った人的資源管理、人材育成投資が求められると指摘している。

しかし、これらは特に女性に限ったことではない。男性と同じように仕事に向き合って定年まで働き続けた女性たちにおいては、それまでの研究対象の女性たちとは異なり、どちらかと言えば男性と同様に「定年後のキャリア形成」を捉えていく必要があることを意味するのだろうか。一方で、川内ら（２０１３ 47頁）は、女性の定年後のキャリア選択における就業理由は、男性と異なり、いきがいや社会参加のためが主であり内発的に生まれたものであるとも指摘している。

21世紀職業財団（２０１９）は、女性正社員50代、60代のキャリアと働き方に関して男女比較の観点から調査し、その中で女性の定年前後の働き方についても言及している。それによると男性は定年を契機に自己評価が低下するが、女性は定年前と定年後の自己評価の違いは小さく安定的であり、モチベーションの低下はあるものの男性よりも少ない。

また、「責任の重さ」と「仕事の難しさ」のいずれも男性は定年を契機に低下する傾向が強いのに対し、女性は定年前と変わらないことが多い。定年後の仕事や労働条件に対する評価についても、男性は定年を機に能力発揮と仕事の達成感が低下するが、女性は低下の程度が男性に比べて小さい。そして、男性は希望以上に正社員並みの働き方になっているのに対し、女性は定年前の希望に近い短時間勤務等の柔軟な働き方をとる傾向が強いと報告されている。

本書では次の2つの視点で整理した。1つは、女性管理職の仕事に対する視点、もう1つは、定年後を見据えたキャリア選択の視点である。

高齢化社会の更なる進展で、定年後も働くことが当たり前の時代になりつつある中、個人が主体的に定年後のキャリア形成に取り組む重要性が増している。一方、女性活躍推進の動きにより、女性管理職に限らず、今後ますます男性同様に仕事に比重をおく女性たちが増えてくる。
これまで、こういった女性たちの定年後のキャリアを対象とした研究はほとんどない。一方、女性管理職研究も、登用についてが主流で、彼女たちの定年後のキャリアについては見当たらない。

女性管理職たちは、これまでの「女性の定年」に関する研究で描かれてきた姿とは異なり、男性同様に仕事を重視し、ワークキャリア上は男性と同じ思考傾向にあると言える。一方で、ライフキャリアにおいては、男性とは異なる課題に直面する。女性たちが今後定年を迎えていく中で、本書が「女性活躍推進」の未着手部分に、示唆を与えることができれば幸いである。

4　本書で実施した方法：キャリア・エスノグラフィー

本書では、管理職として働き続けた女性たちの生の声に耳を傾け、女性管理職としてのキャリア形成における悩みや葛藤に寄り添ってきた。さらに、定年という転機を乗り越え、次のステージへキャリアシフトしていく姿から、彼女たちの働くことへの思いと、環境への適応と自己のアイデンティティとの関係性の変化を明らかにし、今後のキャリア形成のあり方について考察した。

具体的には、事前にいくつかの質問を提示した半構造化面接法を用いて、インタビュー調査をオンラインと対面で実施した。質的調査においては、表情や身振りなども観察の対象となる。これには実際に対面での調査が有効だが、オンラインでもある程度の表情は伺うことができる。オンラインツールはＺｏｏｍビデオコミュニケーションズ社のオンラインミーティングツールＺｏｏｍを用いた。

女性管理職の方々とはすでにラポールは形成されていたため、簡単な挨拶と本書の目的を告げ、記録のために録画することの許可を得てインタビューを実施した。インタビューでは最初に属性をヒヤリングし、その後事前に準備した質問内容に沿って話を聞いた。それぞれのインタビュー時間は1時間から1時間半、一人につき1〜2回実施し、さらに確認のための追加の質問をメール等で行った。

インタビュー調査の対象は、筆者（西村）の主催するセカンドキャリア研修に参加した女性のうち、現役時代は管理職で、すでに定年退職（または役職定年）を迎えてセカンドキャリアに踏み出した女性（一部退職直前）を抽出した。現役時代の業種も職種もバラバラだが、共通して「働くことに前向きで、定年後も何らかの形で働いて自己の能力を発揮したいと思って自らの意志で研修に参加した、均等法第一世代の女性管理職」である。なお、本人のプライバシー保護のため氏名は仮名とした。また、偶然、全員既婚者であり介護の経験がないことから、未婚の人、離婚経験者、介護経験者を追加し、サブ・インタビュー調査を実施した。

註

（1）ＬＩＦＥ　ＳＨＩＦＴ：リンダ・グラットンとアンドリュー・スコットによって書かれた世界的ベストセラー、日本に「人生１００年時代」という言葉を根づかせた。

第6章

女性管理職のキャリア形成

本書では、均等法第一世代の女性管理職たちの生の声を通し、彼女たちのこれまでのキャリア形成と定年後のキャリア選択について分析してきた。仕事上での男女平等を実現するために制定された「男女雇用機会均等法」だったが、実態は平等とはほど遠かった。女性管理職たちは、形ばかりの制度と周囲の無理解の中、さまざまな男女差別に向き合いながら、仕事を続けてきた。多くは睡眠時間を削って仕事をハードにこなし、子どもを持つ人は周囲への遠慮と子どもへの負い目を感じながらも仕事と育児との両立を目指した。彼女たちにとって、働くことの人生における意味は小さくはない。

本書で掲げた主要な問いは、次の4点である。女性管理職たちは、①「働くこと」を人生においてどう意味づけしているのか。②これまでのキャリア形成が定年後のセカンドキャリア選択にどう影響しているのか。③「定年」という大きな環境変化の中でキャリアシフトをどう実現してきたのか。④セカンドキャリア構築支援が果たすべき役割は何か。
女性管理職のキャリア形成は、次のような図6-1にまとめることができる。

1 女性管理職のキャリア形成図

第一に、女性管理職のキャリア形成とは、長期間に及ぶ就業経験の中で「働くこと」の意味づけを、自己の人生に欠くことのできないものに昇華させていくプロセスである。

女性たちは必ずしも全員が、キャリア形成の初期から「働くこと」を重要視していたわけではない。「働くこと」の人生における重要度は、入社時にはそれぞれ濃淡がある。入社時には「経済的自立」が働く動機であったものが、働き続ける中で仕事の面白さに気づき、仕事の醍醐味を味わう経験の積み重ねによって、それが働く動機に加わっていく。

最終的には「やっぱり仕事が大好きなんだな。仕事がなくなったら、私が私でなくなっちゃうなっていうのを痛感したので…」（小宮 2022年4月10日）という小宮の言葉が象徴するように、仕事が人生に欠くことのできないものになっていく。働き続ける中で、家族や周囲への負い目は多少あった点も女性管理職のキャリア形成の軌跡として忘れてはならない。

第二に、女性管理職は定年後のキャリア選択の際に、これまでのキャリア形成からたどり着

図6-1　キャリア形成図

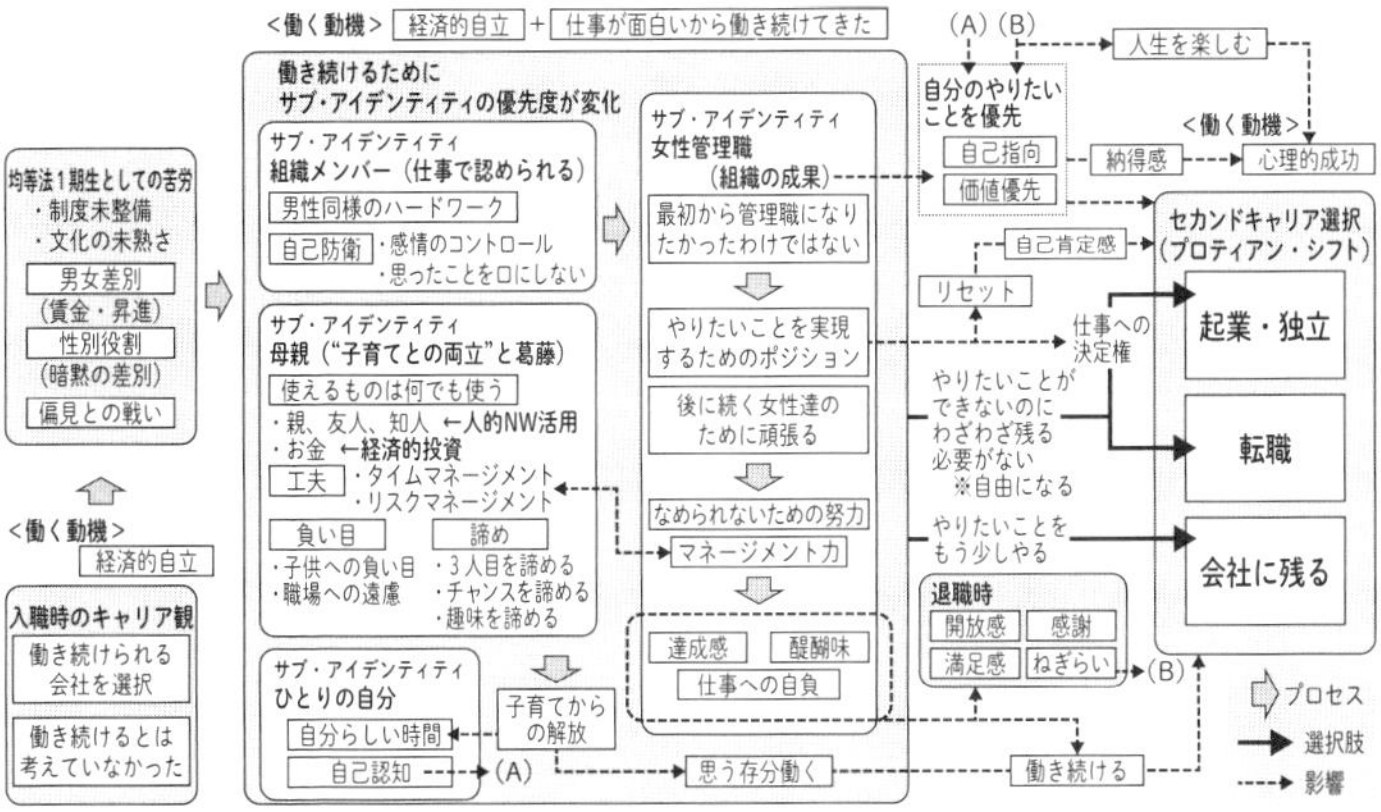

出所：筆者作成

いた「自分のやりたいことを優先する」ことで得た「納得感」を、「心理的成功」につなげている。

これまでのキャリア形成の中で、数少ない女性管理職として、男性中心社会の中、言わば常にアウェー（away）[1]で戦ってきた。頑張ってきた自己の努力に対する自信や「仕事への自負」が、仕事で味わった「達成感」や「醍醐味」とともに、定年後も働き続けたいという思いを生み、働き続けることは大前提で、そのうえで、セカンドキャリアで何をやるかの選択が問題だった。

現役時代は管理職として自身に任された組織の成果の最大化をミッションとして何をすべきか（should）を優先させてきた。だからこそ定年後という新たなステージでは、自分の「やりたいこと」(wants)を優先している。さらに、均等法第一世代の働く女性として理不尽な差別に会い、自分の自由になる時間もなかなか取れない中、それでも働き続けてきた自己に対する「ねぎらい」が、残りの「人生を楽しみたい」し、経済性よりも「自分のやりたいこと」を優先する指向に彼女たちを向かわせている。

つまり、女性管理職の定年後のキャリア選択にはこれまでのキャリア形成の結果として得た「自分のやりたいこと」を優先する「自己指向」と「価値優先」が顕著に現われていると言える。これは武石(2016)が指摘するプロティアン・キャリアの特徴である。これらが定年後のキャリア選択に「納得感」を与え、「心理的成功」につながっている。

「自己指向」と「価値優先」の結果、「やりたいこと」が社内にある人は社内に残り、外にある人は社外への転出を選択した。さらに、管理職としての経験による「仕事への決定権」や、組織の枠から「より自由になる」ことへの指向がより強い人が「起業・独立」を選択している。

第三に、女性管理職はセカンドキャリアへのシフトを、これまでのキャリア形成で身に付けた変化に適合するしなやかさを活かして実現している。

女性は男性に比べてライフイベントの影響を受けやすい。これは、自己が保有する複数のサブ・アイデンティティが、お互いにコンフリクトの関係性を生みながら、ある時は別のサブ・アイデンティティに形を変え、ゆらぎながら優先度を変化させることが影響するもので、女性の場合、この変化が男性以上に大きいことによる。

特に女性管理職の場合は、そうでない女性に比べ、その立場が、ある時はより一層の「サブ・アイデンティティ間のコンフリクト」を生み、より多くの変化を経験してきている。だが彼女たちは、変化に翻弄されるのではなく、まるでサーファーが次々に押し寄せる波を捉え、その波の上でバランスをとるように、サブ・アイデンティティのゆらぎに柔軟に対応しながら、なんとかバランスをとり、その経験を蓄積してきた。これは「内面的に変身する過程で経験を蓄積する」と田中（2019）が主張するプロティアン・キャリアの本質を体現している。サブ・アイデンティティは、常にゆらぎながら優先度を変化させ、総体としてアイデンティティを形成し、アダプタビリティに働きかけることで、環境や立場の変化に適応していくことを可能にする。そのため、女性は男性以上に、さらに女性管理職は、なお一層、環境の変化に適合する経験を積んできたと言える。そして、彼女たちはこの経験から、変化に適合するしなやかな柔軟性を身に付けてきた。女性管理職は、定年という大きな環境の変化にもこのしなやかさを活かし、キャリアシフトを実現している。

2 定年後に向けたキャリア構築支援

女性管理職のセカンドキャリア構築支援に必要なことは、①「自己認知」を形成するための実践的なワーク、②セカンドキャリアを実現するための戦略と行動計画策定ワーク、③人的ネットワーク構築のための「場」の提供である。

1つ目は、自分は何をやりたいのか、自分の大事にしたい価値観は何かを改めて認識する「自己認知」のための支援である。

女性管理職たちは、21世紀職業財団（2019）の調査結果からも明らかにされたように、男性的思考の傾向がある。これまでは、管理職としての責任感で、自身の所属する組織の枠組みで物ごとを捉えてきた傾向が強い。

定年後を見据え組織ありきの価値観（should）の枠組みをはずし、とことん「ひとりの自分」に向き合い、自分は何をしたいのか（wants）の「自己認知」を深掘りしていくことが「納得感」の形成に結びつき、次のステージへのキャリアシフトを後押しする。

さらに、「自己認知」は自身のキャリア資本の認識でもある。自己の経験やスキルの持つ今後のセカンドキャリア構築に対する可能性の認識である。長年の勤務だけでなく、管理職としての経験が、より多くのキャリア資本の蓄積に結びついてきたはずである。

ここでは、さまざまな実践的なワークを通して、自己を知る機会を提供していくことが求められる。ここで欠かせないのは「他者の視点」だ。他人からの指摘により、自分ではこれまで気づいていなかった自分の強みに気づくことができ、得るものは大きいはずだ。

2つ目に、セカンドキャリアを実現するための戦略と具体的な行動計画を策定するための支援である。有りたい将来像を実現する準備のために、これまでの「組織内での価値」から「市場価値」へ意識を切り換えていくことが必要となる。これは、有りたい将来像が組織の中にあるのか、組織の外にあるのかにかかわらず、である。ただし、セカンドキャリアの場合、「市場価値」は、あくまでも「心理的成功」を目指したうえでの「市場価値」でなければならない。

ここで意識するのは「可能性」や「実現性」だ。将来像を実現するのに障害となるものは何か、現在とのギャップを埋めるために不足するキャリア資本をどう補い、どう増やしていけばいいのか、そのために具体的にどんなアクションをとればいいのかを、有りたい将来像への時間も考慮して戦略的に考えていくことを支援する。

田中（2022）は、「実現したい未来から逆算して、戦略的にキャリアを形成していくことが大事」（田中 2022 154頁）と述べているが、女性管理職の定年後のキャリア形成も例外ではない。女性管理職たちは、これまでのキャリア形成の中でキャリア資本を積んできた。これを活かし、あとはやりたいことを実現するために不足するキャリア資本を補い、増やすことが必要である。そのための方針や優先順位を決める「戦略」を策定する支援である。

ここでもまた「他者の視点」は重要になってくる。他者からのアドバイスで自分では気づかなかった「可能性」を知ることになる。特に、自分の知らない世界を経験している人からのアドバイスは貴重で、視野を広げ、選択肢を広げてくれる。

3つ目の支援は人的ネットワーク構築のための「場」の提供である。これまで仕事に多くの時間を割いてきたこの年代の女性管理職たちは、ビジネス資本は蓄積してきたが、社会関係資本が弱い。だからこそ、社会関係資本を補っていくための支援が求められる。

人的ネットワークはキャリア資本としての役割とともに心理的支援としての役割も内在する。特にこれまで紅一点で働いてきた人や女性管理職として孤独感を感じてきた人たちは、参考となる先輩の事例も少なく、他の人たちがどうしようとしているのかもわからず、将来への不安の中、セカンドキャリアに向けて相談し、一緒に歩める仲間の存在を強く求めている。

本書では、仕事に前向きで、責任をもって仕事に取り組む女性たちの象徴として女性管理職を取り上げた。管理職になれなかった女性たちの中にも同様の姿勢で仕事に臨んでいる人も多い。管理職と非管理職の違いではなく、仕事で責任をとりたくない、指示されたことだけをしていたい、とアシスタント職を希望する女性たちとの違いのうえでのキャリア選択の結果でもある。

女性のキャリア形成は実に多様であり、働かない（家事に専念する、あるいは仕事はあくまでも家計の補助のためにとパートで働く）ことを選択する女性もいる。

そういうさまざまな女性たちの中で、「働く」ことを選択し、自己の人生に欠くことのできないものにまで昇華させてきた女性たちのセカンドキャリア選択とは、**「これまでのキャリア形成の中で、障害を乗り越えて働き続けてきた自負と、自己へのねぎらいを自ら変幻自在に結実させ『自分のやりたいこと』を優先してキャリアシフトさせた結果」**であると言える。

女性管理職はこれまでのキャリア形成を活かし、さらに、心豊かな人生を過ごしていくために「**プロティアンシフト**」していくのである。

註

（1）アウェー（away）：敵方の本拠地、サッカーなどで使われる。対義語はホーム（home）。

おわりに

西村美奈子：「女性活躍」と「シニア活用」は企業における人事施策として重要視されるようになってきた。だが、40代後半からの女性たちはこのどちらからも対象とされず、支援から置き去りにされているのではないかというのが本書の原点である。均等法第一世代の女性たちが定年を迎える今、かつて男性のものだった「定年」に女性たちも向き合う時代になった。男性と同様に責任ある立場で働き続け、定年を迎える女性たちのセカンドキャリア選択に何が必要なのかを「セカンドキャリア研修」を手掛ける立場で、もう一度向き合いたいと取り組んだテーマでもある。

調査対象の女性管理職たちは、筆者の主催する研修に参加した受講生という枠組みはあるものの、業種も職種も異なり、果たして1つの結論を導きだすことが可能だろうかという不安の中、研究をスタートさせた。

しかし、研究を進めるうちに、同じ時代を女性管理職として生きてきたことによる共通項が、インタビューを通して少しずつ浮き彫りにされてきた。均等法以前の女性たちは「女性も働く」ことを目標にしてきたが、均等法世代は「男性と同じように働く」を目標に働き続けてきた。そして、今の若い女性たちは、より自然体に「自分らしく働く」を目標にしている。世の中の制度や時代の空気が女性たちの「働く」を動かしているのを感じる。

今の20代、30代が定年を迎える頃、彼女たちのセカンドキャリア選択はまた違ったものになっているのであろうか。家庭内の役割も含め、男性・女性の違いもなくなる日が来るのであろうか。より柔軟な働き方の浸透で、定年後のセカンドキャリア選択という概念そのものがなくなっている可能性もある。今後の動向を注視していきたい。

最後に、忙しい業務の中、快くインタビューにご協力いただき、何度も繰り返す追加の質問にもつきあってくださって、かなりプライベートなことまで話してくださったインタビュー対象者の皆さまには深く感謝したい。また、長期にわたり論文執筆を優先する筆者を応援してくれた家族にも、そして何よりも、多忙な中、迷走する筆者(西村)を励まし、熱心にご指導くださった田中研之輔教授に心から感謝申し上げたい。

田中研之輔:本書は女性管理職のキャリア・エスノグラフィーだ。彼女たちの長年の歩みをできるだけ忠実に再現し、抽出することを試みた。女性活躍へと働く環境が整っていく転換期のさまざまな現場で、女性差別や偏見などの苦い経験は少なくなかったはずだ。だが、当事者の声は力強い。女性管理職として働き続けてきた共著者の西村さんは、仕事のやりがいや楽しさを嬉しそうに語る。

本書はコラボレート・エスノグラフィーの手法を用いている。素材となったのが、西村さんが法政大学大学院キャリアデザイン学研究科に提出した修士論文『女性管理職の定年後のキャリア選択に関する質的研究―研修受講生のインタビュー調査から―』である。

修士論文の指導担当教員として、月に一度のＭＴＧを1年間伴走した。その間に、テーマ設定、対象の選定、分析と検討に向きあった。提出された修士論文は、口述試験においても高い評価を受けた。

そこから一般読者に向けて、さらに磨き上げを行った。その過程で特に意識したことは、本書を手にとってくださる方が、女性管理職のキャリア形成を追体験できるような物語を構築していくことだった。そのために、アカデミックなライティング作法を遵守した修士論文から、読者の心に響いていくであろうキャリア・エスノグラフィーへと本書の全体を再構築した。

女性管理職がこれから定年を迎えていく。本書はこの国がこれから直面する局面を捉えた、アクチュアルなテーマを扱っている。一人ひとりが自らキャリアを形成し、人的資本を最大化していくことが求められている今、本書に登場した女性管理職のしなやかな働き方に学ぶべき点は多い。

定年後も彼女たちは自分らしいキャリアを歩んでいる。私自身もこれからミドルシニアキャリアを形成していく。彼女たちの生の声に、これからのキャリア形成のヒントを幾度もいただいた。

そして令和時代のキャリアの教科書としてまとめた『プロティアン』と、人生100年時代の生き方の指南書である『ライフシフト』との理論・思考枠組みを混ぜあわせることで、本書『プロティアンシフト』が完成した。

女性管理職のこれまでの軌跡とこれからの歩みの中に、私たち一人ひとりのキャリア形成のヒントが隠されている。読者の皆様も、一人の登場人物として本書の物語の中に自身の経験を投影していただければ幸いである。

そう、『プロティアンシフト』とは、私たち一人ひとりのキャリア選択の未来物語でもあるのだ。

参考文献

Henry Mintzberg (1973) The Nature of Managerial Work.（奥村哲史・須貝栄訳（１９９３）『マネージャーの仕事』白桃書房）

Lynda Gratton & Andrew Scott (2016) The 100-Year Life.（池村千秋訳（２０１６）『LIFE SHIFT』東洋経済新報社）

Lynda Gratton & Andrew Scott (2021) The New Long Life.（池村千秋訳（２０２１）『LIFE SHIFT2』東洋経済新報社）

石川准（２０１６）「ホックシールド『管理される心―感情が商品になるとき―』」『日本労働研究雑誌』第６６９号、36〜39頁。

石黒久仁子（２０１２）「女性管理職のキャリア形成」『GEMC journal』第7号、１０４〜１２８頁。

今野浩一郎（２０１４）『管理される高齢社員の人事管理』中央経済社。

大内章子（２０１２）「女性総合職・基幹職のキャリア形成―均等法世代と第二世代とではどう違うのか―」『関西学院大学経営戦略研究科ビジネス&アカウンティングレビュー』第9号、１０７〜１２７頁。

岡田昌毅（２０１３）『働くひとの心理学』ナカニシヤ出版。

金井壽宏（２００１）「キャリア・トランジション論の展開―節目のキャリア・デザインの理論的・実践的基礎―」『国民経済雑誌』第１８４巻第6号、43〜66頁。

川内由加・杉澤秀博（２０１３）「ホワイトカラーのキャリアを持つ女性の定年後のキャリア選択―現役時代のキャリアの影響―」『老年学雑誌』第4号、35〜50頁。

久我尚子（２０１７）「大学卒女性の働き方別生涯所得の推計」『ニッセイ基礎研所報』第61号、99〜１０８頁。

倉重佳代子（２０１５）「これからのシニア女性の社会的つながり―地域との関わり方に関する一考察―」『富士通総研（ＦＲＩ）経済研究所 研究レポート』第４２４号。

境忠宏（２０１１）「キャリア研究の発展とキャリア教育の今後の課題」『国際経営・文化研究』第16巻第1号、13〜26頁。

佐藤眞一（２００１）「企業従業者の定年退職後の生きがい―集団面接による質的分析―」『明治学院大学論叢 心理学紀要』第11号、33〜46頁。

総務省（２０２１）「労働力調査」。

袖井孝子（１９８８）「定年退職―家族と個人への影響―」『老年社会科学』第10巻第2号、64〜79頁。

武石恵美子（２０１６）『キャリア開発論』中央経済社。

田中研之輔（２０１９）『プロティアン―70歳まで第一線で働き続ける最強のキャリア資本術―』日経ＢＰ社。

田中研之輔（２０２２）『キャリア・ワークアウト』日経ＢＰ社。

德田直子・杉澤秀博（２０１０）「女性定年退職者の退職後の楽しみ・生きがい―現役時代の経験との関連について―」『老年学雑誌』創刊号、39〜54頁。

内閣府（２００４）「均等法第一世代の女性の未来観」『男女共同参画白書』（平成16年版）。

中村暁子（２０２０）「女性の垂直的キャリア形成に関する先行研究と今後の展開」『明治大学経営学研究論集』第52号、49〜68頁。

永瀬伸子・山谷真名（２０１２）「民間大企業の女性管理職のキャリア形成―雇用慣行と家庭内分担―」

『キャリアデザイン研究』第8号、95〜１０５頁。

浜田敬子（２０２２）『働く女子と罪悪感』集英社文庫。

坂東眞理子（２０２２）『女性の覚悟』主婦の友社。

平井綾・田中朋斉（２０２０）『高年齢者雇用安定法』労務行政。

藤原妙子・杉澤秀博（２０１４）「定年退職を経験した既婚女性の社会参加の意味付け」『老年学雑誌』第5号、55〜69頁。

堀井希依子（２０１５）「わが国における女性管理職研究の展望」『共栄大学研究論集』第13号、75〜93頁。

プロティアン・キャリア協会「プロティアン・キャリアのタイプ別キャリア資本の戦略的蓄積モデル」。

山口一男（２０１４）「ホワイトカラー正社員の管理職割合の男女格差の決定要因」『日本労働研究雑誌』第６４８号、17〜32頁。

山本勲（２０１９）「働き方改革関連法による長時間労働是正の効果」『日本労働研究雑誌』第７０２号、29〜39頁。

渡辺三枝子（２０１８）『新版 キャリアの心理学』ナカニシヤ出版。

OECD Library (2019)「Ageing and Employment Policies, Working Better with Age: Japan」(https://www.oecd-ilibrary.org/sites/9789264201996-en/index.html?itemId=/content/publication/9789264201996-en)（閲覧：２０２２年6月）。

21世紀職業財団（２０１９）「女性正社員50代・60代におけるキャリアと働き方に関する調査」(https://www. jiwe. or. jp/research-report/2019)（閲覧：２０２２年6月）。

厚生労働省（２００６）「改正高齢法に基づく高年齢者雇用確保措置の導入状況について」(https://www. mhlw. go. jp/houdou/2006/06/h0609-1. html)（閲覧：２０２２年7月）。

厚生労働省（２０１７）「平成29年度労働者等のキャリア形成における課題に応じたキャリアコンサル

ティング技法の開発に関する調査・研究事業『人生後半戦のライフ・キャリアシート（在職者用）』（https://www. mhlw. go. jp/file/06-Seisakujouhou-11800000-Shokugyounouryokukaihatsukyoku/0000199634. pdf）（閲覧：２０２２年７月）。

厚生労働省（２０２０）「令和２年版厚生労働白書『女性の年齢階級別就業率の変化』」（https://www. mhlw. go. jp/stf/wp/hakusyo/kousei/19/backdata/01-01-03-08. html）（閲覧：２０２２年５月）。

厚生労働省（２０２０）「令和２年簡易生命表の概況」（https://www. mhlw. go. jp/toukei/saikin/hw/life/life20/dl/life18-03. pdf）（閲覧：２０２２年５月）。

厚生労働省（２０２１）「令和３年雇用動向調査『転職入職者の状況』」（https://www. mhlw. go. jp/toukei/itiran/roudou/koyou/doukou/22-2/dl/kekka_gaiyo-04. pdf）（閲覧：２０２２年６月）。

厚生労働省（２０２１）「令和３年賃金構造基本統計調査『雇用形態別』」（https://www. mhlw. go. jp/toukei/itiran/roudou/chingin/kouzou/z2021/dl/06. pdf）（閲覧：２０２２年６月）。

厚生労働省（２０２２）「令和４年版労働経済白書」（https://www. mhlw. go. jp/stf/wp/hakusyo/roudou/21/backdata/02-02-08. html）（閲覧：２０２２年10月）。

電通（２０２０）「電通シニアプロジェクト、『定年女子調査』を実施」調査レポート」２０２０年３月27日（https://www. dentsu. co. jp/news/release/2020/0327-010037. html）（閲覧：２０２２年４月）。

東京商工リサーチ（https://www. tsr-net. co. jp/news/analysis/20200115_01. html）（閲覧：２０２２年９月）。

内閣府（２０２２）「令和４年版男女共同参画白書『女性が職業を持つことに対する意識の変化』」（https://www. gender. go. jp/about_danjo/whitepaper/r04/zentai/html/zuhyo/zuhyo02-06. html）（閲覧：２０２２年６月）。

内閣府（２０２２）「令和４年版男女共同参画白書『就業者及び管理的職業従事者に占める女性の割合（国際比較）』」（https://www. gender. go. jp/about_danjo/whitepaper/r04/zentai/html/zuhyo/

zuhyo01-18.html」）（閲覧：２０２２年６月）。

内閣府（２０２２）「令和４年版男女共同参画白書『共働き等世帯数の推移（妻が64歳以下の世帯）』」（https://www.gender.go.jp/about_danjo/whitepaper/r04/zentai/html/zuhyo/zuhyo00-08.html」）（閲覧：２０２２年６月）。

内閣府（２０２２）「令和４年版男女共同参画白書『民間企業の雇用者の各役職段階に占める女性の割合の推移』」（https://www.gender.go.jp/about_danjo/whitepaper/r04/zentai/html/zuhyo/zuhyo01-17.html）（閲覧：２０２２年６月）。

内閣府男女共同参画局「ポジティブ・アクション」（https://www.gender.go.jp/policy/positive_act/index.html）（閲覧：２０２２年６月）

日本経済団体連合会（２００６）『主体的なキャリア形成の必要性と支援のあり方―組織と個人の視点のマッチング―』（https://www.keidanren.or.jp/japanese/policy/2006/044/honbun.html）（閲覧：２０２２年６月）。

博報堂「女性の管理職に対する意識調査」（https://www.hakuhodo.co.jp/uploads/2021/09/h20210922.pdf）（閲覧：２０２２年５月）

武庫川女子大学教育研究所「女子大学統計・大学基礎統計」表13「４年制大学への進学率と18歳人口の推移」（http://kyoken.mukogawa-u.ac.jp/statistics/）（閲覧：２０２２年８月）。

労働政策研究・研修機構（２０２２）「表　男女間賃金格差」（https://www.jil.go.jp/kokunai/statistics/timeseries/html/g0406.html）（閲覧：２０２２年９月）。

【著者プロフィール】

田中研之輔(たなか・けんのすけ)

法政大学キャリアデザイン学部教授、一般社団法人プロティアン・キャリア協会 代表理事
UC. Berkeley元客員研究員、University of Melbourne元客員研究員、日本学術振興会特別研究員SPD東京大学。一橋大学大学院社会学研究科博士課程修了。博士(社会学)。
専門はキャリア論、組織論。社外取締役・社外顧問を35社歴任。個人投資家。著書31冊。専門社会調査士。主著に『プロティアン』(日経BP社)。

西村美奈子(にしむら・みなこ)

株式会社Next Story代表取締役、修士(キャリアデザイン学)、昭和女子大学現代ビジネス研究所研究員
1983年富士通株式会社に入社。役職定年を機に研究活動を開始。その後早期退職して起業。「マチュア世代の働く女性のためのセカンドキャリア研修」事業や、講演・執筆活動、キャリア女性達のコミュニティ「マチュアの会」の運営を手がける。2級ファイナンシャルプランニング技能士(国家資格)。法政大学大学院キャリアデザイン学研究科修了。プライム市場企業の社外取締役就任予定。

プロティアンシフト

定年を迎える女性管理職のセカンドキャリア選択

2023年5月1日 初版第1刷発行

著者 田中研之輔・西村美奈子

発行者 千倉成示
発行所 株式会社 千倉書房
〒104-0031 東京都中央区京橋 3-7-1
電話 03-3528-6901（代表）
https://www.chikura.co.jp/

印刷・製本 精文堂印刷株式会社
造本装丁 米谷豪

ISBN: 978-4-8051-1295-3 C3034